AF596382

LES

PAYSANS ILLUSTRES.

LES

PAYSANS ILLUSTRES,

PLUTARQUE DES CAMPAGNES,

PAR

M. Alphonse Karr.

PARIS.

IMPRIMERIE BOUCHARD-HUZARD,
rue de l'Éperon, 7.

1841

JEANNE D'ARC.

Dans les jardins du Versailles de Louis XIV, sous ces impudiques charmilles où madame de Montespan et ses compagnes vinrent prendre leurs ébats, où Louis XV donna rendez-vous plus d'une fois à ses maîtresses, on trouve un vieux bloc de marbre ignoré de la foule des joyeux promeneurs que Paris envoie, deux ou trois fois chaque année, animer la solitude de la cité du grand roi;

c est une jeune femme attachée sur un bûcher; son corps sera bientôt réduit en cendres, mais sa gloire ne périra qu'avec le nom français. Là elle fut témoin des amours du roi Louis XV, et ni le roi ni ses maîtresses ne songeaient à se détourner de cette vierge qui brûle au bûcher pour avoir fait sacrer un roi de France à Reims! Le peuple de 91, quand il entra à Versailles, brisant tout sur son pasage, et demandant à grands cris qu'on lui donnât le roi et la reine de France pour les ramener à Paris, et pour les conduire de là à l'échafaud, ce peuple respecta le vieux marbre, parce que c'est une gloire nationale : c'est Jeanne d'Arc.

Son père Jacques d'Arc, et sa mère Isabelle Romée, étaient de simples paysans de Domremi, hameau situé dans un riant vallon arrosé par la Meuse, entre Neufchâteaú et Vaucouleurs. C'étaient de bons cultivateurs vivant d'un peu de labourage et du produit de quelque bétail. Dans une situation voisine de la pauvreté, ils se montraient pieux, hospitaliers, d'une probité sévère, et jouissaient d'une réputation sans tache. Cinq enfants, trois fils et deux filles, furent le fruit de leur union. L'éducation de Jeanne d'Arc fut conforme à son état; jamais elle ne sut ni lire ni écrire : coudre, filer, soigner les bestiaux, aider aux travaux des champs et à ceux du ménage, telles furent les occupations de son jeune âge. Elle était laborieuse, douce, simple, bonne, et si timide qu'il suffisait de lui adresser la parole pour la déconcerter. Sa mère lui avait donné les premiers principes de la religion, et dès ses plus jeunes années un penchant extrême à la dévotion se manifesta en elle, et lui attira les railleries de ses compagnes. Jeanne fuyait les jeux et les danses pour se retirer à l'église, et n'aimait à parler que de Dieu et de la sainte Vierge, objets de ses plus tendres amours. Elle était si charitable, qu'elle distribuait aux pauvres tout ce qu'elle possédait; si hospitalière, qu'elle voulut plusieurs fois céder son propre lit à des malheureux sans asile.

Les factions qui déchiraient la France n'avaient pas renfermé leurs fureurs dans l'enceinte des palais et des villes; elles avaient semé le feu des discordes intestines jusque dans les hameaux. La froideur de la vieillesse et la légèreté de l'enfance ne garantissaient pas des vertiges contagieux de la haine. Deux crimes affreux, l'assassinat du duc d'Orléans et le meurtre du duc de Bourgogne, avaient porté au plus haut degré dans les deux partis le désir de la vengeance; et toute la France s'était partagée entre les Armagnacs, ou partisans du roi, et les Bourguignons, ou partisans du duc de Bourgogne et du roi d'Angleterre son allié. Le village de Marcey, situé entre Domremi et Vaucouleurs, s'était prononcé en faveur des Bourguignons; celui de Domremi était, au contraire, du parti des Armagnacs et du roi Charles VII. Les jeunes gens de ces deux villages, dans les intervalles des travaux des champs, se défiaient mutuellement et se livraient de sanglants combats. Ce spectacle, souvent répété, fortifia l'horreur de Jeanne pour les ennemis de son roi. Il n'y avait dans tout le village de Domremi qu'un seul homme du parti bourguignon; et Jeanne a avoué qu'elle alla jusqu'à souhaiter que sa tête fût coupée, « pourvu cependant que tout cela eût été agréable à Dieu. » Quel est donc le pouvoir des dissensions civiles, puisqu'elles peuvent inspirer de tels sentiments à une vierge si douce, et qui se montra depuis si compatissante sur le champ de bataille et si pleine d'humanité envers des ennemis vaincus! Une circonstance, en apparence peu importante, contribua à la faire triompher de sa timidité naturelle, et à développer en elle cette ardeur martiale qui dans la suite fit l'admiration des plus vaillants guerriers. Dans le troupeau que possédait son père il y avait des chevaux. Jeanne se plaisait à diriger ces coursiers indomptés, et devint, avec le temps, très-habile à ce noble exercice. La nature de la contrée où le ciel l'avait fait naître était propre aussi à augmenter cette ferveur de dévotion qui avait dominé toutes ses facultés dès sa plus tendre enfance. Ce canton de la France est plein de grands bois et de sombres forêts. A une demi-lieue de Domremi, était le *Bois-Chenu*, que les simples habitants de ces campagnes croyaient hanté par les fées, et qu'on apercevait de la maison de Jeanne. Près de ce bois, non loin d'une source pure et limpide, et sur le grand chemin qui conduit de Domremi à Neufchâteau, s'élevait un hêtre antique et majestueux, qu'on désignait sous le nom d'*arbre des fées*. On disait avoir vu ces êtres mystérieux se rassembler et danser autour de cet arbre; on les avait entendus s'accompagner de leurs chants. Dès que les convalescents pouvaient se lever, ils allaient s'asseoir sous l'arbre des fées; et les personnes malades de la fièvre venaient boire de l'eau de la source pour recouvrer la santé. Le seigneur du lieu avec toute sa suite, les jeunes filles, les jeunes garçons et les enfants de Domremi se rendaient en pompe, au mois de mai, sous cet arbre, dont Edmond Richer admirait encore, plus de deux cents ans après, la grande ombre et les antiques rameaux; on y suspendait alors des bouquets, des guirlandes et des couronnes de fleurs.

Jeanne d'Arc visitait souvent l'arbre des fées avec les jeunes filles de son âge; mais les fleurs qu'elle y tressait étaient presque toujours réservées pour Notre-Dame de Domremi; rarement elle se joignait aux danses de ses compagnes, mais elle aimait à chanter dans ces lieux de pieux cantiques avec elles.

Ce fut à l'âge de treize ans que l'exaltation de son imagination se manifesta par des effets extraordinaires qui influèrent sur le reste de sa vie, et qui furent le soutien et le mobile de toutes ses actions. Elle eut des extases: vers l'heure de midi, dans le jardin de son père, une voix inconnue vint retentir à son oreille; la voix était à droite du côté de l'église, et accompagnée d'une grande clarté. Cette voix lui parla plusieurs fois, elle apprit bientôt que c'était celle de l'archange Michel: il était accompagné d'un grand nombre d'anges; elle vit aussi l'ange Gabriel; puis enfin, et beaucoup plus fréquemment, sainte Catherine et sainte Marguerite. Propices à ses prières, ces dernières saintes, dont elle ornait toujours de fleurs les images, la guidaient dans toutes ses actions, et l'avaient souvent entretenue près de la source voisine de l'arbre des fées. Il est remarquable que jamais Jeanne d'Arc n'a varié sur la réalité de ces apparitions : les rigueurs de la prison, l'espoir d'adoucir ses bourreaux, les menaces d'être livrée au bûcher, rien ne put lui arracher un désaveu. Toujours elle soutint que les saintes lui avaient fréquemment apparu, et lui apparaissaient encore, qu'elle leur parlait, qu'elle les voyait, non des yeux de l'imagination, mais de ses yeux corporels ; qu'elle n'avait agi que par leurs conseils ; que jamais elle n'avait rien dit, rien entrepris d'important sans leurs ordres.

L'âge ne développa point dans Jeanne d'Arc les infirmités périodiques qui caractérisent la faiblesse de son sexe ; elle ne les connut jamais, et cette disposition de ses organes mérite d'être remarquée.

Ses voix (c'est ainsi qu'elle s'exprimait) lui ordonnèrent d'aller en France, de faire lever le siége d'Orléans, et pour cet effet de se rendre d'abord à Vaucouleurs, auprès du capitaine Baudricourt. Quoique Jeanne n'eût parlé à personne du secret de ses révélations et de ce qui lui était commandé, il paraît que, pour modérer l'excès de son zèle religieux, et faire disparaître les singularités qu'on découvrait en elle et qui inquiétaient sa famille, on résolut de la marier. Un jeune homme de Toul, charmé de sa beauté, demanda sa main et fut refusé par elle. Pour l'amener à ses fins, il imagina de soutenir qu'elle lui avait fait une promesse de mariage, et la cita devant l'official de Toul. Les parents de Jeanne, probablement d'accord avec le jeune homme, désiraient qu'elle ne se défendît point; mais Jeanne, toujours résolue d'obéir au commandement des saintes, se rendit à Toul et gagna sa cause : elle se vit ainsi libre de retourner à l'exécution de son projet. Elle n'espérait pas pouvoir le faire approuver par son père et par sa mère; et afin d'échapper à leur surveillance, elle obtint d'eux la permission de se rendre pendant quelque temps chez un de ses oncles nommé Durand Lazart. Ce fut à lui qu'elle confia son secret, et elle le persuada tellement de la vérité de sa mission, qu'il se rendit d'abord seul auprès du capitaine Baudricourt, pour lui faire connaître le désir et les promesses de la jeune inspirée. Celui-ci le reçut fort mal et lui conseilla de la souffleter et de la ramener chez son père. Jeanne d'Arc partit alors elle-même pour Vaucouleurs, fut admise auprès du capitaine Baudricourt, le reconnut au milieu de plusieurs gentilshommes qui l'entouraient, et lui dit « qu'elle avait reçu l'ordre de son Seigneur de faire délivrer Orléans, et de faire le Dauphin roi, en le menant sacrer à Reims. » Baudricourt lui demanda qui était son Seigneur : « C'est le roi du ciel, » répondit-elle. Un gentilhomme nommé Guillaume Poulengy, présent à cette première entrevue de Jeanne avec Baudricourt, en a raconté tous les détails. Le gouverneur de Vaucouleurs, quoique ébranlé par la fermeté des réponses de Jeanne, ne crut pas cependant devoir consentir à la demande qu'elle lui faisait d'être conduite au roi. Ce refus ne la rebuta pas : ses *voix* lui avaient annoncé qu'elle serait refusée trois fois. Elle redoublait ses prières; elle parlait sans cesse de sa mission; chaque jour augmentait son impatience : « Il faut absolument, disait-elle, que j'aille vers le noble Dauphin, parceque mon Seigneur le veut ainsi; et quand je devrais y aller sur les genoux, j'irai.»

Un gentilhomme très-estimé dans ce canton, nommé Jean de Metz, frappé de ses paroles et de son assurance pleine de candeur, lui promit *par sa foi, sa main dans la sienne, que sous la conduite de Dieu il la mènerait au roi.* Poulengy, dont nous avons parlé plus haut, voulut se joindre à lui. Jeanne se fit couper sa longue chevelure, prit des habits d'homme, obtint l'assentiment et la recommandation de Baudricourt, fit écrire à son père et à sa mère pour leur demander pardon de sa désobéissance envers eux, et, ayant reçu ce pardon, elle fixa le jour du départ. Les deux gentilshommes qui devaient l'accompagner, persuadés de la vérité de sa mission, fournirent à toute la dépense de son modeste équipement; Baudricourt refusa d'y contribuer; il lui donna seulement une épée; toutefois il fit prêter serment à ceux qui devaient la conduire qu'ils la mèneraient saine et sauve au roi. L'escorte qui accompagnait Jeanne d'Arc était composée de sept personnes : son troisième frère, Pierre d'Arc, les deux gentilshommes qui se dévouaient en quelque sorte pour elle, leurs deux serviteurs, un archer nommé Richard et un nommé Colet de Vienne, qui prenait le titre de messager du roi.

Ce fut vers la fin de janvier 1429 qu'elle prit congé des habitants de Vaucouleurs, qui déploraient devant elle les dangers auxquels elle s'exposait, une foule d'ennemis battant la campagne : « S'il y a des hommes d'armes sur la route, dit-elle, j'ai Dieu qui me fera mon chemin jusqu'à monseigneur le Dauphin ; c'est pour cela que je suis née. — Va, lui dit Baudricourt moins confiant, et advienne ce qu'il pourra. »

Tous ceux qui composaient l'escorte de Jeanne n'étaient pas également convaincus de la réalité de sa mission. Colet de Vienne et l'archer Richard ont avoué depuis que sa beauté avait fait naître en eux des desseins criminels, qu'ils l'avaient soupçonnée d'être folle ou sorcière, et qu'effrayés des périls auxquels elle les exposait, ils avaient formé le projet de la jeter dans une fosse ; mais qu'au bout de quelque temps, elle prit un tel ascendant sur eux, qu'ils étaient toujours disposés à se soumettre à sa volonté, et qu'ils désiraient vivement qu'elle fût présentée au roi. Jean de Metz a déposé qu'elle lui avait inspiré une telle crainte, que jamais il n'aurait osé lui rien demander de déshonnête, et que la pensée ne lui en vint seulement pas. Poulengy, qui était alors un jeune homme, n'en eut également ni la volonté ni même le désir, « à cause, disait-il, de la grande bonté qu'il voyait en elle. » Cependant, afin qu'on ne soupçonnât point son sexe, elle couchait chaque nuit entre ces deux gentilshommes, mais enveloppée de son manteau de voyage, les aiguillettes de ses *chausses* et de son *gippon* fortement attachées.

Enfin, après avoir parcouru les pays ennemis, vers la fin de l'hiver, une route de cent cinquante lieues, coupée par une infinité de rivières profondes, et au milieu de tous les périls et de tous les obstacles, Jeanne arriva à Fierbois, village de Touraine qui n'était qu'à six lieues de Chinon, où le roi Charles tenait sa cour. A Fierbois était une église dédiée à sainte Catherine, célèbre par les pèlerinages dont elle était l'objet. La vue d'un temple consacré à l'une de ses protectrices fit la plus grande impression sur l'esprit de Jeanne; elle s'arrêta dans ce lieu, et y entendit fréquemment la messe. Elle fit écrire au roi pour lui annoncer son arrivée; et peu de jours après, le 24 février 1429, elle entra dans Chinon, où le bruit de son voyage s'était déjà répandu.

Depuis un demi-siècle, la France, presque entièrement soumise au joug de l'étranger, était accablée des plus terribles fléaux; après quatre cents ans, l'histoire du règne de Charles VI et du commencement de celui de Charles VII attriste et humilie encore les Français. Un roi d'abord enfant, ensuite frénétique, dans tous les temps incapable de tenir les rênes de l'Etat, les abandonne tour à tour aux princes de son sang, que la soif de commander, l'amour de l'or et non du bien public, excitent à se disputer les soins du gouvernement. Ces princes, que leur naissance et les intérêts de leur propre autorité auraient dû rendre les appuis du trône, l'ébranlent par les plus violentes secousses; la jalousie du pouvoir, l'ambition, l'avarice, la débauche et toutes les passions les plus honteuses pervertissent les nobles; ils se haïssent, se calomnient, s'assassinent; ils perdent la mémoire et le sentiment de l'honneur. Dans leurs guerres sacriléges, ils dévastent, ils pillent et massacrent sans pitié des cultivateurs et des citoyens sans défense, ou leur font subir des outrages plus cruels que la mort même. Le peuple furieux, dans les intervalles de cette anarchie, exerce de terribles représailles; des prélats sans pudeur dépouillent les églises et vendent les reliques, les croix, les vases sacrés et jusqu'aux sacrements. Déjà l'étranger possède plus de la moitié du royaume et règne dans la capitale. Des rives de la Flandre aux Pyrénées, on voit de tous côtés errer des troupes de scélérats sans aveu; ils se réunissaient, formaient des compagnies nombreuses, se cantonnaient dans les forêts, égorgeaient et pillaient indifféremment amis et ennemis. Les prêtres abandonnaient les autels; les religieux désertaient les monastères, endossaient la cuirasse et devenaient à leur tour des bandits, des meurtriers, des larrons incendiaires. Tous les Français indistinctement, royalistes, dauphinois, bourguignons, armagnacs, soldats enrégimentés, brigands attroupés, citadins révoltés, egalement acharnés les uns contre les autres, semblaient avoir perdu tout sentiment d'humanité. A tous ces fléaux se joignaient des hivers d'une rigueur inconnue jusqu'alors, des inondations extraordinaires, des épidémies, et enfin la famine. La mort exerçait tant de ravages sur cette terre désolée, que dans presque toutes les villes on fut forcé de défendre la pompe des funérailles, pour ne pas augmenter la consternation générale.

Cependant les derniers efforts de la France expirante se concentraient dans Orléans. Des tours menaçantes, fortifiées comme des citadelles, entouraient cette place assiégée par une armée anglaise, habituée depuis longtemps à la victoire, et qui recevait sans cesse de nouveaux renforts. La plupart des villes restées fidèles à Charles VII s'étaient empressées d'envoyer à Orléans de l'argent, des provisions et des troupes. Les plus fidèles d'entre les capitaines français qui suivaient encore le drapeau du roi national s'étaient jetés dans cette place. Sa réduction aurait livré à la discrétion du vainqueur le Blésois, la Touraine, le Poitou; et comme il était déjà maître de Cosne et de La Charité, il lui eût été facile alors de s'emparer du reste du royaume. Chaque citoyen, dans Orléans, était devenu soldat pour la défense commune; les femmes partageaient cette ardeur martiale; elles voituraient des pierres, portaient des rafraîchissements aux combattants; et l'on en vit même plusieurs, la lance à la main, repousser les Anglais avec autant de valeur que les plus intrépides guerriers.

Cependant les Français entreprennent d'intercepter un convoi que le duc de Bedfort envoyait aux assiégeants. Les Anglais triomphent encore, et l'armée française est battue près de Rouvray en Beauce. La nouvelle de cette journée désastreuse jeta la consternation dans Orléans. Réduits aux dernières extrémités, les assiégés se décidèrent enfin à capituler, à condition que la ville serait mise en séquestre entre les mains du duc de Bourgogne jusqu'à la fin de la guerre. Les députés qui se rendirent à Paris pour cette négociation, auprès du duc de Bedfort, rapportèrent pour réponse que la ville ne serait reçue à traiter qu'à condition de se soumettre aux Anglais. Les assiégés indignés résolurent de combattre jusqu'au dernier soupir; mais le roi, indécis, paraissait succomber sous le poids de sa disgrâce, et songeait à abandonner Chinon et à s'enfuir en Dauphiné. Il n'est pas douteux qu'alors Orléans n'eût plus voulu se sacrifier pour un prince qui s'abandonnait lui-même : les Anglais auraient pris possession de cette ville, et la France eût été en peu de temps tout entière asservie à une domination étrangère.

Elle fut inopinément sauvée de cette honteuse destinée par Jeanne d'Arc. Son arrivée à Chinon ne fit cependant à la cour de Charles que très-peu de sensation ; les principaux seigneurs étaient d'avis qu'on la renvoyât sans l'entendre. Ce ne fut qu'après deux jours de délibération, et lorsqu'elle eut été examinée et interrogée, qu'on l'introduisit auprès du roi. Quand elle entra, il se cacha dans la foule de ses courtisans dont plusieurs étaient vêtus avec plus de magnificence que lui. Jeanne le reconnut et s'agenouilla devant lui. « Je ne suis pas le roi, lui dit Charles VII ; le voici, ajouta-t-il, en lui montrant un des seigneurs de sa suite. — Mon Dieu, gentil prince, dit la jeune vierge, c'est vous et non autre ; je suis envoyée de la part de Dieu pour prêter secours à vous et à votre royaume, et vous mande le Roi des cieux par moi, que vous serez sacré et couronné en la ville de Reims, et serez lieutenant du Roi des cieux qui est roi de France. » Charles VII fut surpris et la tira à l'écart pour l'interroger, et après cet entretien, il déclara que Jeanne lui avait dit certaines choses secrètes que nul ne savait ni ne pouvait savoir que Dieu et lui, et que pour cette raison il avait pris grande confiance en elle. Cette confiance fut aussitôt partagée par toute la cour. Jeanne inspirait à tous l'attachement et le respect; on admirait ses grâces naturelles, la franchise de son âme, le feu de ses regards, la naiveté de ses réponses simples, mais précises, souvent sublimes. Tous ceux qui l'entendirent devinrent ses admirateurs et ses partisans; elle leur communiquait son zèle ardent pour son prince et pour la nation. Villars et Jamet de Tilloy retournèrent à Orléans pleins d'enthousiasme pour la jeune prophétesse. Dunois assembla le peuple pour qu'ils racontassent ce qu'ils avaient vu et entendu; et bientôt l'espoir du succès, le désir de combattre succédèrent à la crainte et au découragement.

Cependant un doute affreux, terrible, restait à éclaircir. Jeanne était inspirée, telle était la persuasion générale; mais était-elle inspirée de Dieu ou par l'esprit des ténèbres? voilà ce qui, à cette époque, devait surtout occuper le roi et ses ministres. Dans les idées de ce temps on attribuait souvent les prospérités de la terre, dont les causes n'étaient pas connues, à l'alliance avec le démon, ce qui supposait un culte affreux envers l'ennemi de Dieu et des hommes. Le soupçon seul de ce crime faisait alors frissonner; et cependant, soit que les secours surnaturels vinssent du ciel ou de l'enfer, les effets étaient les mêmes; mais il y avait cette différence entre le vulgaire et les gens éclairés, que ces derniers croyaient pouvoir distinguer par des signes certains ceux qui se trouvaient sous l'influence de l'esprit de ténèbres. Les ecclésiastiques surtout décidaient en dernier ressort sur ces questions. Le Saint-Esprit, qu'ils pouvaient appeler à leur secours, leur donnait la faculté de conjurer les démons et de délivrer les personnes qui se trouvaient sous leur puissance abhorrée. Jeanne fut donc examinée par plusieurs évêques qui se trouvaient alors à la cour de Charles, et en présence du duc d'Alençon.

Ces examens n'ayant pas encore paru suffisants pour une chose aussi importante, il fut décidé qu'elle irait à Poitiers, où se trouvait le parlement, et qu'elle y serait interrogée par les plus fameux théologiens de l'Université. Le roi s'y rendit aussi en personne pour donner plus de solennité à cette enquête, et pour en connaître plus promptement les résultats. Il nomma une commission de théologiens afin d'examiner s'il pouvait ajouter foi aux paroles de Jeanne d'Arc, et accepter *licitement* ses services. Jeanne répéta devant cette assemblée tout ce qu'elle avait dit jusqu'alors sur les *voix* qui lui étaient *apparues*, et qui lui avaient ordonné au nom de Dieu de délivrer Orléans, et de mener sacrer le roi à Reims. Elle demandait, pour accomplir cet ordre, qu'il lui fût donné des cavaliers et des gens d'armes. Alors maître Guillaume Aymeri, professeur en théologie, lui dit : « Si Dieu veut délivrer le royaume de France, il n'est pas besoin de gens d'armes. — Les gens d'armes batailleront, répondit Jeanne, et Dieu donnera la victoire. — Mais nous ne pouvons, lui dirent les examinateurs, conseiller au roi, sur votre simple assertion, de vous donner des gens d'armes pour que vous les mettiez inutilement en péril : faites-nous voir un signe par lequel il demeure évident qu'il faut vous croire. — En mon Dieu, répondit Jeanne, je ne suis pas venue à Poitiers pour faire signes; mais le signe qui m'a été donné pour montrer que je suis envoyée de Dieu, c'est de faire lever le siége d'Orléans; qu'on me donne des gens d'armes, en telle et si petite quantité qu'on voudra, et j'irai. » On lui demanda pourquoi elle ne prenait pas les habits de son sexe. Elle répondit : « Pour m'armer et servir le gentil Dauphin, il faut que je prenne des habillements propices et nécessaires à cela; et aussi j'ai pensé que quand je serais entre les hommes, ils n'auront pas concupiscence charnelle de moy, et me semble qu'en cet estat je conserveray mieux ma virginité de pensée et de fait. » Enfin, après deux examens répétés, après qu'on eut fait surveiller Jeanne à toutes les heures du jour et de la nuit, et qu'on eut envoyé à Domremi des religieux pour s'enquérir de sa conduite passée, et pour connaître si ses réponses ainsi que les déclarations de Jean de Metz et de Poulengy étaient conformes en tout à la vérité, les théologiens déclarèrent qu'ils ne trouvaient en elle ni en ses paroles rien de mal ni de contraire à la foi catholique, et qu'attendu sa sainte vie et sa louable réputation, ils étaient d'avis que le roi pouvait accepter les secours de cette jeune fille.

Charles VII ne parut pas encore rassuré par cette décision: plusieurs membres du parlement, et entre autres Regnault de Chartres, évêque de Reims, chancelier de France, se montraient contraires à Jeanne, et ne voulaient point qu'on ajoutât foi en ses discours : le roi résolut alors de la soumettre à une dernière et décisive épreuve. Dans l'opinion de ce temps, le démon ne pouvait contracter un pacte avec une vierge : si donc Jeanne était trouvée telle, tout soupçon de magie et sortilége s'évanouissait; aucun scrupule ne devait plus empêcher le roi de l'employer. Charles VII la remit entre les mains de la reine de Sicile, sa belle-mère, qui, assistée des dames de Gancourt et de Fresmes, fut chargée de la visiter, et de vérifier sa virginité. Ces sortes d'examens, ainsi que nous l'apprend Froissart, n'avaient alors rien d'étrange, et l'on y soumettait toutes les jeunes filles, même celles du plus haut rang, qu'on destinait au mariage, afin de constater si elles étaient nubiles et suffisamment formées. La reine de Sicile, Iolande d'Aragon, et les deux dames qui l'assistaient, déclarent au roi « que Jeanne était une vraie et entière vierge, en laquelle n'apparaissait aucune corruption ou violence. » Alors toutes les incertitudes cessèrent; le roi et son conseil décidèrent qu'on préparerait un convoi pour secourir Orléans, et qu'on tâcherait de l'y introduire sous la conduite de *Jeanne la Pucelle.*

On lui donna ce qu'on appelait alors un *état*, c'est-à-dire des gens pour sa garde et pour son service. Le chevalier Jean d'Aulon fut nommé son écuyer et le chef de sa maison; Raymond et Louis de Contes furent ses deux pages; on mit sous ses ordres deux hérauts d'armes, dont l'un se nommait Guyenne et l'autre Ambleville. Elle demanda un aumônier; frère Jean Pasquerel, lecteur du couvent des Augustins de Tours, s'offrit, fut accepté et ne la quitta plus. Le roi fit faire à Jeanne une armure complète : elle voulut un étendard et désigna la manière dont il devait être peint; d'après la description qu'elle en a donnée dans son interrogatoire, cet étendard était d'une toile blanche appelée alors boucassin, et frangée en soie; sur un champ blanc semé de fleurs de lis était figuré le Sauveur des hommes, assis sur son tribunal dans les nuées du ciel, et tenant un globe dans ses mains; à droite et à gauche étaient représentés deux anges en adoration : l'un d'eux tenait une fleur de lis sur laquelle Dieu semblait répandre ses bénédictions; les mots *Jesus Maria* étaient écrits à côté. L'épée seule manquait à son équipement : Jeanne dit qu'il lui fallait celle qui se trouvait ensevelie derrière l'autel de l'église de Sainte-Catherine à Fierbois, et qui était marquée de cinq croix le long de la lame; elle fit écrire en conséquence aux prêtres qui desservaient cette église, pour qu'ils lui accordassent cette épée. On la trouva dans l'endroit qu'elle avait désigné, et elle lui fut remise.

Enfin arriva le moment si ardemment désiré par Jeanne, où il lui fut permis de combattre les ennemis de son roi et de son pays. Les habitants d'Orléans, réduits aux dernières extrémités, attendaient avec la plus grande impatience l'effet de ses prédictions et de ses promesses, dont ils avaient entendu le récit, et dont depuis deux mois ils ne cessaient de s'entretenir. Mais il fallait encore remplir une formalité : dans les instructions que Jeanne avait reçues de ses saintes, il lui était prescrit de sommer les Anglais d'abandonner le siége d'Orléans, avant de rien entreprendre contre eux. Elle dicta en conséquence une lettre qui fut envoyée aux généraux anglais rassemblés devant Orléans, « pour, de par Dieu le roi du ciel, qu'ils eussent à rendre les clefs de toutes les bonnes villes qu'ils avaient prises en France. »

Enfin les préparatifs du convoi sont achevés, et le jour du départ de l'armée est fixé. Jeanne, avant de quitter Blois, rassembla tous les prêtres qui se trouvaient dans la ville; elle les réunit tous sous une bannière distincte portée par son aumônier, sur laquelle on avait, selon ses ordres, peint l'image du Sauveur sur l'arbre de la croix. Aucun guerrier ne pouvait se joindre à cette troupe sainte s'il n'avait fait le jour même l'humble aveu de ses fautes au tribunal de la pénitence. Jeanne exhortait les soldats à remplir régulièrement ce devoir, pour devenir dignes de se réunir au bataillon sacré rassemblé autour d'elle. A la tête de ce bataillon, elle s'avance, et déploie son propre étendard : tous les soldats la suivent animés du même enthousiasme. Ne soyons pas étonnés des prodiges qui vont s'opérer par cette jeune fille: son éloquence naturelle, sa piété si sincère et si vive, ce mélange de pudeur et d'audace martiale, sa beauté, sa jeunesse, tout en elle excitait l'admiration. L'armée, assurée de vaincre, se croyait sous la protection de Dieu, ainsi que l'héroïne qui la conduisait.

Le 29 avril 1429, après avoir traversé les lignes des ennemis à la vue de leurs forts, Jeanne d'Arc entra dans Orléans armée de toutes pièces, montée sur un cheval blanc, précédée de son étendard, ayant à ses côtés le brave Dunois, et escortée des principaux seigneurs de la cour, suivie d'une troupe de guerriers pleins d'ardeurs, et conduisant avec elle un convoi qui ramenait l'abondance dans la ville.

Dès ce moment, les habitants d'Orléans se crurent invincibles et le furent en effet. Jeanne, avant d'attaquer de nouveau les Anglais, crut devoir renouveler la sommation qu'elle leur avait faite, et leur envoya une lettre par ses deux hérauts d'armes. Les Anglais commencèrent avec elle par violer le droit des gens : ils retinrent un de ses hérauts, et l'auraient fait brûler vif, si Dunois n'avait pareillement fait retenir prisonniers des hérauts anglais. Cependant Orléans reçut de nouveaux renforts de troupes. La Pucelle commandait toutes ces expéditions et se tenait entre la ville et les ennemis, qui voyaient opérer tous ces mouvements sans s'ébranler : ils semblaient stupéfaits et frappés d'une terreur secrète. Les jours suivants, la Pucelle conduit successivement les Français à l'attaque de plusieurs forts; tous sont emportés, un grand nombre d'Anglais périssent; beaucoup sont faits prisonniers, et plusieurs, par l'intercession de la Pucelle, sont sauvés de la fureur des soldats. Ce qu'il y avait d'admirable dans ces combats, c'était le sang-froid de la jeune héroïne: elle se présentait toujours la première à l'attaque, son étendard à la main, et restait la dernière sur le champ de bataille pour protéger la rentrée des troupes. Elle abhorrait l'effusion du sang et ne se servait de son épée qu'à la dernière extrémité. Le plus souvent, lorsqu'elle se trouvait engagée dans la mêlée, elle se contentait de repousser ses adversaires à coups de lance, ou de les écarter avec une petite hache qu'elle portait suspendue à sa ceinture.

Après ces différents succès, elle envoya redemander son héraut, qui lui fut rendu. Ses troupes étaient devenues infatigables comme elle. Il ne restait plus aux Anglais que les boulevards, et le fort des Tourelles, qui fermait l'entrée du pont du côté de la Sologne. De la prise de ce poste, le mieux fortifié de tous, dépendait la délivrance de la ville. Les généraux français ouvrirent en conseil l'avis que, pour cette attaque importante, il fallait attendre de nouveaux secours. La Pucelle fit changer cette résolution, et décida qu'on attaquerait ce fort dès le lendemain. L'élite des troupes anglaises le défendait. Jeanne dirigea l'attaque avec une habileté qui étonna les capitaines les plus expérimentés; on l'apercevait exhortant les uns à tenir ferme, ramenant les autres au combat, faisant retentir, au milieu du bruit de la guerre, le nom du Dieu des armées, le cri de la valeur et les promesses de la victoire. Cependant les Français sont repoussés sur tous les points : Jeanne, qui s'en aperçoit, se précipite dans le fossé, est la première à saisir une échelle, l'élève avec force et l'applique contre le boulevard : à l'instant même un trait lancé par l'ennemi la frappe au-dessus du sein, entre le cou et l'épaule ; elle tombe renversée et presque sans connaissance. Investie aussitôt par une troupe d'Anglais qu'enhardit sa chute, l'héroïne se relève à demi et se défend avec autant d'adresse que de courage. Jean de Gamache survient et la sauve de leurs mains. On éloigne alors Jeanne d'Arc du champ de bataille ; on la désarme, on l'étend sur l'herbe : Dunois et plusieurs autres chefs de guerre l'environnent ; on lui prodigue les secours : sa blessure était profonde ; elle s'en effraie d'abord et ne peut retenir ses larmes ; mais bientôt, inspirée par un courage surnaturel, elle arrache elle-même le trait, le sang coule en abondance, on bande la plaie. La Pucelle demande à se confesser ; la foule s'écarte et la laisse seule avec son aumônier.

Dès qu'on ne la vit plus à la tête de l'armée, le découragement se mit parmi les soldats et les capitaines. L'attaque durait depuis dix heures du matin, et la nuit s'approchait. Dunois fit sonner la retraite et les troupes abandonnèrent le pied du boulevard. Quand Jeanne d'Arc l'apprit, elle en fut vivement affligée ; et, malgré ses souffrances, elle alla trouver les commandants et leur dit : « En mon Dieu, vous entrerez bien bref dedans ; n'avez doubte; quand vous verrez flotter mon étendard vers la bastille, reprenez vos armes et elle sera vôtre. Pourquoy, reposez-vous un peu, buvez et mangez. Ce qu'ils firent, car à merveille ils lui obéissaient. » Bientôt elle demanda son cheval, s'élança légèrement dessus comme si elle eût perdu le sentiment de ses fatigues et de ses souffrances, se retira seule à l'écart dans une vigne, y resta un quart d'heure en prière, et reparut au milieu des troupes. Arrivée près du boulevard, elle saisit son étendard, et s'avança au bord du fossé. A cette vue, les Anglais frémissent et sont frappés d'épouvante. Les Français au contraire reviennent à l'assaut et escaladent de nouveau le boulevard. Les habitants d'Orléans, voyant ce qui se passe, dirigent vers la bastille leurs canons et leurs arbalètes, et envoient de nouveaux combattants pour prendre part à la gloire de leurs compagnons d'armes. Les Anglais se défendent avec acharnement; mais la Pucelle crie à ses troupes: *Tout est vôtre, entrez.* En un instant le boulevard est emporté. Les Anglais se réfugient en hâte dans le fort; mais le plus grand nombre périt par la chute du pont-levis qui s'abîme dans la Loire: les Français réparent le pont, traversent le fleuve, et aussitôt le fort est en leur pouvoir. La Pucelle, ainsi qu'elle l'avait prédit le matin en allant au combat, ramena ses troupes dans Orléans par ce même pont-levis qui naguère était occupé par les ennemis. Sa rentrée fut un triomphe : toutes les cloches de la ville en mouvement proclamaient au loin dans les airs la victoire que les armes du roi venaient de remporter; le peuple se pressait autour de l'héroïne : des cris de joie, accompagnés de marques de vénération et d'amour, éclataient partout sur son passage. Jeanne d'Arc, après la victoire, s'occupa de faire rendre les derniers devoirs à ceux qui avaient péri. Elle fit retirer de la Loire et remettre aux Anglais le corps de Glacidas : ce chef avait surpassé tous ceux de sa nation dans les injures dont ils avaient accablé la Pucelle.

Le lendemain du jour de cette action mémorable, les généraux anglais, après avoir délibéré toute la nuit, résolurent de lever le siége ; et avant que le jour parût, ils firent sortir les troupes de leurs tentes et des forts qui leur restaient sur la rive droite de la Loire ; ils se rangèrent en bataille et se disposèrent à la retraite. Les Français, quoique inférieurs en nombre, voulurent les poursuivre ; mais Jeanne modéra leur emportement, et, toujours disposée à prévenir l'effusion du sang, elle leur dit : « Laissez aller les Anglais et ne les tuez pas ; il me suffit de leur départ. » Il y avait sept mois que le comte de Salisbury était venu, le 12 octobre 1428, mettre le siége devant Orléans, et tous les efforts des plus valeureux chevaliers français, pendant tout ce temps, n'avaient pu triompher du courage des assiégeants ni lasser leur constance : huit jours s'étaient écoulés depuis l'arrivée de Jeanne d'Arc dans la ville ; trois seulement avaient été employés à combattre, et le 8 mai 1429 l'armée ennemie, naguère si superbe et si menaçante, s'éloignait avec précipitation des remparts de la ville, qu'une procession solennelle parcourait en faisant retentir les airs d'hymnes sacrées et de cantiques d'actions de grâces. L'usage de cette cérémonie religieuse et touchante s'est renouvelé depuis tous les ans à pareil jour, en commémoration de ce grand événement.

Jeanne d'Arc, quoique souffrante encore de ses blessures, se rendit à Loches pour annoncer au roi l'heureuse délivrance d'Orléans. Cette nouvelle fut connue le surlendemain dans Paris, où elle répandit la terreur et le découragement parmi les Anglais et le parti bourguignon.

Jeanne voulait que l'on marchât droit sur Reims pour y faire sacrer le roi ; mais l'exécution d'un projet aussi hardi épouvantait Charles et son conseil : il fallait, avec une armée assez nombreuse, sans vivres, sans espoir de s'en procurer que les armes à la main, traverser près de quatre-vingts lieues d'un pays occupé par les ennemis ; enfin, il était nécessaire de s'emparer de plusieurs villes considérables qui se trouvaient sur la route, et dont une seule devait arrêter la marche du roi. Le moindre échec, dans une situation aussi périlleuse, le perdait à jamais. Il paraissait plus prudent de commencer par la conquête de la Normandie. Le duc d'Alençon, qui était personnellement intéressé à ce que l'on prît ce parti, l'appuyait de tout son pouvoir. Cependant les instances persuasives de Jeanne triomphèrent de toutes les craintes et de tous les intérêts : il fut décidé qu'on marcherait incessamment vers la Champagne, et qu'avant le départ on reprendrait les villes conquises par les Anglais aux environs d'Orléans. On mit d'abord le siége devant Jargeau, défendu par le brave Suffolk, qui était resolu de s'ensevelir sous les ruines de la ville. La Pucelle dispose l'artillerie avec tant de justesse, qu'en peu de jours elle a fait brèche, et l'assaut est décidé. En approchant du rempart, la Pucelle crie au duc d'Alençon : « En avant, gentil duc ! » Elle combattit toute cette journée sous les yeux de ce prince; il assura depuis qu'au plus fort de l'action, elle lui disait : « N'ayez doute; ne savez-vous pas que j'ai promis à votre épouse de vous ramener sain et sauf? » Apercevant un endroit où les assiégés opposaient une résistance opiniâtre, elle descend dans le fossé et monte à l'échelle, son étendard à la main. Un Anglais saisit alors une pierre d'un poids énorme et la lance sur elle avec rage; elle en est frappée et tombe agenouillée au pied du rempart : sur les murs un cri de triomphe, au pied des murs un cri d'épouvante proclament au même instant la chute de l'héroïne; mais se relevant soudain plus fière et plus terrible : « Amis, s'écrie-t-elle, ayez bon courage! Notre-Seigneur a condamné les Anglais, et à cette heure ils sont tous nôtres. » Les Français, ranimés par ces paroles, gagnent la brèche, précipitent les ennemis dans la ville, les poursuivent de rue en rue, en massacrent onze cents, et forcent Suffolk, Guillaume Poll et d'autres capitaines anglais à se rendre prisonniers. La prise de Meurs, celle du pont et du château de Beaugenci, quoique défendu par le brave Talbot, suivirent de près celle de Jargeau.

Cependant le duc de Bedfort envoya un secours de six mille hommes à Talbot, qui se retirait vers la Beauce par le chemin de Janville ; et l'armée anglaise, fortifiée par toutes les garnisons des places qu'elle avait abandonnées, était encore supérieure en nombre à l'armée française, quoique le duc de Richemont fût venu joindre cette dernière. L'avant-garde de l'armée française, près de Patay, n'était plus qu'à une demi-lieue de l'ennemi : le duc d'Alençon, Dunois et le maréchal de Rieux, qui commandaient en chef, hésitaient à livrer bataille : l'idée d'avoir à combattre des Anglais en rase campagne effrayait des esprits encore pleins des souvenirs d'Azincourt, de Crevaut, de Verneuil et de Rouvray-Saint-Denis ; la Pucelle est consultée; elle promet la victoire : les Français alors se précipitent avant le jour sur l'armée anglaise ; une partie, conduite par Fastol le vainqueur de Rouvray, prend la fuite, le reste est mis en déroute ; deux mille cinq cents Anglais sont tués sur le champ de bataille, douze cents sont faits prisonniers, et dans ce nombre se trouvait Talbot, le général en chef. La Pucelle, escortée de tous les généraux français, se rendit auprès du roi pour lui annoncer la nouvelle de la victoire de Patay. Elle parvint en partie, dans cette entrevue, à réconcilier le monarque avec le connétable de Richemont, que le favori La Trémouille desservait dans l'esprit de Charles VII et éloignait de tout son pouvoir.

Cependant la renommée de Jeanne d'Arc et de ses étonnants exploits s'était répandue rapidement dans toute la France, et de là dans le reste de l'Europe. L'opinion était fixée sur son compte : tous les Français partisans de

Charles VII ne doutaient point qu'elle ne fût inspirée de Dieu. Les Anglais, au contraire, la croyaient magicienne et sorcière; et la terreur dont elle les avait frappés paralysait les forces de leurs armées de France, habituées à la victoire; les guerriers qui étaient en Angleterre n'osaient traverser la mer et aborder sur le sol fatal protégé par la puissance surnaturelle de la magicienne d'Orléans.

Son ascendant sur les soldats et sur le peuple était sans bornes; mais il n'en était pas de même des généraux et des courtisans : plusieurs étaient jaloux de sa gloire et de ses hauts faits, et humiliés de la supériorité qu'une fille sans naissance avait usurpée sur tant d'illustres capitaines et tant de nobles chevaliers. Elle eut avec quelques-uns des altercations assez vives ; mais occupée d'accomplir sa mission, pour faire tout concourir à ses vues et assurer le succès de ses armes, elle ne craignit pas de prendre le ton du commandement et même de la menace. Animée d'une horreur invincible pour les femmes de mauaise vie et les concubines, la Pucelle leur avait formelement défendu son approche, et prenait de grandes précautions pour qu'elles ne pussent s'introduire dans l'armée. Dans tout le reste, Jeanne d'Arc se montrait simple, pleine d'humilité, de douceur, recherchant avec soin la retraite et la solitude, et passant une grande partie de son temps dans les exercices de piété. Elle éprouvait une grande joie à s'aller mêler et à communier avec les jeunes personnes ; elle ne se confessait jamais sans que le repentir de ses fautes ne lui fît mouiller de ses pleurs le tribunal de la pénitence. On la vit souvent se lever la nuit, se prosterner dans l'ombre, croyant n'être pas vue, et prier Dieu pour la prospérité du roi et du royaume. Elle se plaisait dans la compagnie des personnes de son sexe, et partageait toujours son lit avec une ou deux femmes des plus considérées de l'endroit où elle se trouvait, préférant de jeunes vierges et refusant les femmes âgées. Quand on ne pouvait trouver des personnes convenables de son sexe pour coucher avec elle, elle reposait tout habillée. Sa sobriété était si grande, qu'on s'étonnait qu'elle pût soutenir ses forces avec aussi peu d'aliments. Elle aimait mieux s'abstenir de toute nourriture, que de toucher aux vivres qu'elle savait ou qu'elle soupçonnait avoir été enlevées par violence. Elle ne tolérait aucun pillage ou aucune vengeance après le combat; aussi ses vertus la protégèrent contre les accusations et les calomnies des Anglais, et plusieurs docteurs étrangers, et par conséquent impartiaux, écrivirent dès lors des traités pour la défendre.

Après la victoire de Patay, les garnisons anglaises, frappées de terreur, abandonnèrent les villes qu'elles étaient chargées de défendre. Montpipeau, Saint-Sigismond et Sully rentrèrent aussi sans combat au pouvoir du roi. L'armée française se réunit à Gua; et après avoir reçu toutes les munitions et les renforts qui lui étaient nécessaires, elle se disposa à marcher enfin sur Reims. Le conseil du roi opinait pour soumettre d'abord Cosne et La Charité. La Pucelle obtint, quoi[illegible] peine, qu'on ne s'occuperait de cet objet qu'après le retour du roi. L armée royale se mit en marche : Auxerre ayant consenti à fournir des vivres, on n'assiégea point cette ville qui refusa d'ouvrir ses portes. L'exemple d'Auxerre engagea Troyes à faire un pareil refus. L'armée campa cinq jours devant cette place, qui résistait toujours. Les assiégeants commençaient à souffrir beaucoup de la disette, et le conseil du roi était d'avis qu'il fallait passer outre; la Pucelle s'y opposa et fit décider l'assaut pour le lendemain. Elle s'occupa toute la nuit à faire apporter des fascines, et dès que le jour parut, elle fit sonner les trompettes, ordonna qu'on comblât les fossés avec les fascines qu'on avait préparées, et s'avança, son étendard à la main. Alors les assiégés se troublèrent, l'effroi s'empara d'eux, ils capitulèrent, et le roi entra dans la ville, ayant à son côté Jeanne d'Arc. Elle pressa Charles de partir, et il se dirigea avec toute son armée sur Châlons, qui se rendit. La Pucelle marchait toujours en avant, armée de toutes pièces. A son approche, la garnison de Reims, qui n'était que de six cents hommes, commandés par le seigneur de Châtillon-sur-Marne et celui de Saveuses, sortit de la ville : les habitants ouvrirent leurs portes au roi, qui y fit son entrée solennelle. Le lendemain, 17 juillet 1429, il fut sacré dans la cathédrale de Reims. Jeanne d'Arc était présente à cette auguste cérémonie, à peu de distance du roi et du maître-autel, tenant son étendard à la main. Elle avait le matin même fait écrire au duc de Bourgogne pour l'engager à faire sa paix avec Charles VII.

Après la célébration du couronnement, Jeanne d'Arc se jeta aux genoux de son souverain, et le supplia, en versant des larmes, de lui permettre de se retirer, puisque sa mission était accomplie. Son père Jacques d'Arc, son oncle Durand Lazart, ainsi que ses frères, s'étaient rendus à Reims pour la voir ; et les embrassements de sa famille, après une si longue absence, lui faisaient désirer vivement de rentrer dans l'humble condition dont elle n'était sortie qu'à regret. « Et plût à Dieu mon créateur, dit-elle à l'évêque de Reims, que je pusse maintenant partir, abandonnant les armes, et aller servir mon père et ma mère, en gardant leurs brebis avec ma sœur et mes frères qui moult se réjouiraient de me voir. » Les ordres qu'elle croyait avoir reçus de Dieu se trouvant exécutés, elle croyait désormais sa présence inutile à l'armée; mais on avait trop bien éprouvé combien cette seule présence encourageait les soldats. Forcée de céder aux volontés du roi, l'on vit Jeanne d'Arc s'abstenir depuis ce moment d'opposer son avis à celui des ministres ou des généraux; et ayant rempli ses promesses et accompli ses prédictions, elle n'agissait plus comme quelqu'un qui se rend responsable des événements. Elle se contentait de partager les travaux des plus dangereuses expéditions, et de s'exposer la première.

Charles VII, après son sacre, ne resta que trois jours à Reims et se dirigea sur Château-Thierri. Ce fut dans cette ville que la Pucelle, qui conservait un vif attachement pour son pays natal, demanda au roi que les habitants de Greux et de Domremi (ces deux villages ne formaient qu'une seule paroisse) fussent exemptés de toutes tailles, aides et subventions. Charles VII y consentit, et fit en conséquence publier ses lettres patentes, datées de Château-Thierri, le dernier jour de juillet 1429 : elles portent expressément que cette exception est accordée à ces deux villages en *faveur de la Pucelle*. Ces lettres ont été renouvelées en 1449, et confirmées par Louis XIII en 1610. Les habitants de Greux et de Domremi n'ont cessé de jouir de cette faveur qu'à l'époque de la révolution française.

Après le couronnement, les villes de Laon, de Neufchâchel, de Soissons, de Crépi, de Compiègne, de La Ferté-Milon, de Château-Thierri, de Creil, de Coulommiers, et une infinité d'autres places tant de la Brie que de la Champagne, se rendirent au roi ou à ses généraux. Beauvais chassa son évêque parce qu'il était dévoué aux Anglais : c'était Pierre Cauchon, auquel le procès de la Pucelle a donné une si funeste célébrité. La terreur régnait dans Paris, où les Anglais employaient pourtant mille moyens pour tromper les habitants et pour les contenir.

Cependant le duc de Bedfort vint présenter la bataille aux Français, à trois lieues de Senlis, près du mont Piloer. On combattit avec un succès égal. Charles VII s'approcha de Paris avec son armée. Saint-Denis, qui était alors fortifié, s'empressa d'ouvrir ses portes, et le roi en prit possession le 25 août 1429. Il paraît, d'après la déposition du duc d'Alençon, que ce fut à Saint-Denis que

Janne d'Arc rompit sa fameuse épée de Fierbois, en frappant une femme de mauvaise vie qui se trouvait parmi les soldats. Le roi se montra sensible à cette perte, qui, considérée comme un presage d'un funeste augure, pouvait exercer la plus fâcheuse influence sur l'esprit de la multitude. Jeanne d'Arc sembla elle-même penser que cet accident était un avertissement du Ciel que sa carrière militaire était finie et son pouvoir détruit.

Le 7 septembre, les troupes du roi occupèrent le village de la Chapelle, qui alors était à mi-chemin de Paris à Saint-Denis, et l'armée, composée de douze mille hommes, vint au couchant se ranger en bataille dans un vaste espace, appelé le Marché-aux-Pourceaux, qui s'étendait entre la butte Saint-Roch ou des Moulins, et la porte Saint-Honoré, alors située à l'endroit où la rue Traversière se joint à la rue Saint-Honoré. On commença l'attaque par emporter un petit boulevard situé de ce côté; mais les assaillants, qui s'étaient flattés en vain que dans le moment de l'assaut les partisans du roi soulèveraient le peuple, furent désabusés et songèrent à se retirer. Jeanne d'Arc, habituée à ne jamais reculer, voulut s'obstiner à combler le fossé. Elle criait aux Parisiens de rendre la ville au roi, lorsqu'un coup d'arbalète la blessa à la cuisse. Obligée, par la douleur et la quantité de sang qu'elle perdait, de se coucher derrière une petite éminence, elle y resta jusqu'au soir, où Richard de Thiébronne et d'autres guerriers vinrent la trouver. Soit chagrin d'un premier échec, soit dégoût causé par l'ingratitude de ses compagnons d'armes, elle parut lasse de la vie et ne voulut pas quitter la place; il fallut que le duc d'Alençon vînt lui-même la chercher et la ramenât à Saint-Denis; mais elle persistait dans la résolution de finir ses jours dans l'obscurité et la retraite. Suivie du roi et des princes, elle alla dans la basilique royale de Saint-Denis se prosterner devant l'autel des martyrs protecteurs de la France. Elle rendit grâces à Dieu, à la Vierge et à ces saints martyrs, des faveurs qu'ils avaient répandues sur elle, et suspendit ses armes à l'une des colonnes du temple, devant la châsse révérée de l'apôtre de la France. Les instances du roi et des principaux capitaines parvinrent encore à triompher de sa résolution. On est vivement ému lorsqu'on songe au sort cruel qui attendait cette infortunée, en la voyant deux fois tâcher en vain de rentrer sous le toit paternel.

L'armée française, après cette attaque infructueuse sur Paris, repassa la Loire. Lorsque le roi fut arrivé à Meun-sur-Sèvre, il accorda, en décembre 1429, à Jeanne d'Arc et à toute sa famille, des lettres de noblesse avec tous les priviléges et les honneurs alors attachés à cette haute faveur. Ces lettres comprenaient également, par exception remarquable, les mâles et les femelles à perpétuité, « afin, dit le roi, de rendre gloire à la haute et divine sagesse, des grâces nombreuses et éclatantes dont il lui a plu nous combler par le célèbre ministère de notre chère et bien-aimée la pucelle d'Orléans, de Domremi, et que, par le secours de la divine Providence, nous espérons de voir s'accroître encore. »

Le roi voulait reprendre successivement Cosne, La Charité et Saint-Pierre-le-Moutier. On commença par l'attaque de cette dernière ville. Lorsque la brèche fut praticable, on monta à l'assaut; mais les assiégés se défendirent si vigoureusement, qu'après un long et sanglant combat, ils forcèrent les troupes du roi à la retraite. Jeanne d'Arc seule, environnée de cinq ou sixsoldats, refusa de se retirer malgré les exhortations que lui firent faire les généraux de revenir au camp. Sa fermeté rendit le courage aux soldats; on revint à la charge avec une nouvelle furie, les ennemis ne purent soutenir un second assaut auquel ils ne s'attendaient pas, et les Français, après une assez faible résistance, se rendirent maîtres de la place.

Tandis que l'armée royale poursuivait ses opérations dans le midi, Jeanne d'Arc fut envoyée au nord, dans l'Ile-de-France, avec un petit corps d'armée et plusieurs chefs de guerre. Elle avait avec elle ses deux frères, et menait douze chevaux à sa suite; ses montures, ses armes, ses équipages, s'élevaient ensemble à la valeur de plus de douze mille écus de ce temps. A Lagny, elle apprit que Franquet d'Arras, célèbre par sa valeur et ses cruautés, ravageait les campagnes environnantes avec un corps d'environ quatre cents hommes. Elle sortit de la ville ayant un nombre à peu près égal de soldats, accompagnée de Jean de Foucault, de Geoffroi de Saint-Albin et d'autres seigneurs. Elle ne tarda pas à rencontrer Franquet d'Arras, dont les troupes, composées d'excellents archers, firent sur les Français une décharge terrible qui en mit un grand nombre hors de combat. Deux fois les troupes royales reculèrent, deux fois la Pucelle les ramena à la charge « moult courageusement et vigoureusement, » dit un historien du parti bourguignon. Enfin la victoire se déclara pour elle, et Franquet d'Arras fut fait prisonnier. Les juges de Lagny et le bailli de Senlis réclamèrent un homme qui s'était souillé de tant de forfaits, et il fut exécuté quelques jours après, malgré les efforts que fit la Pucelle pour lui sauver la vie. Cette exécution, injuste ou légitime, mais dont il est démontré que Jeanne était innocente, forma dans la suite un chef d'accusation contre elle.

Cependant le duc de Bourgogne, s'avançant avec une assez forte armée, met le siége devant Compiègne, dégarnie alors de troupes. Jeanne d'Arc n'hésite pas un instant à s'y rendre, et Jacques de Chabanne, Théaulde de Volpergne, Renaud de Fontaine, Poton de Xaintrailles, et plusieurs autres chevaliers célèbres suivent l'exemple de la jeune héroïne et se renferment dans la ville. Ce renfort, et surtout la présence de la Pucelle, y répandent une grande joie. On veut profiter de ce premier moment d'enthousiasme pour tenter une sortie. Le 24 mai 1430, la Pucelle, accompagnée de Poton le Bourguignon, du sire de Créqui et de plusieurs autres capitaines, tombe à l'improviste sur le quartier de Baudon de La Veyelle, près de Marigni, commandé par Jean de Luxembourg. Les ennemis se reploient sur Marigni; mais au premier cri d'alarme, les Anglais, commandés par le sire de Montgommeri, sortent à la hâte de leur logis de la Venette; les troupes de Jean de Luxembourg, cantonnées à Clairay, se précipitent hors de leurs quartiers et accourent au secours de leur général. Les Français, s'apercevant qu'ils allaient avoir à combattre toute l'armée ennemie, se retirent vers la ville. La Pucelle marche la dernière, se retournant sans cesse et faisant face à l'ennemi, afin de couvrir la retraite des siens et de les ramener sans perte dans la place. Les Anglais s'avancent alors à grands pas pour couper le chemin à sa troupe, qui, effrayée par ce mouvement, se précipite en tumulte vers la barrière du boulevard du pont. En ce moment les Bourguignons, sûrs d'être soutenus de toutes parts, font une décharge terrible sur les derrières des escadrons français, et y jettent un grand désordre. Ceux-ci, saisis d'épouvante, se précipitent tout armés dans la rivière, et plusieurs se rendent prisonniers. La Pucelle seule continue à se défendre; son habillement couleur de pourpre, et l'étendard qu'elle tient à la main, la font aisément distinguer. Aussitôt une foule de guerriers l'entourent et se disputent l'honneur de s'emparer de sa personne; elle les repousse avec son épée, et parvient à gagner le pied du boulevard du pont; mais la barrière se trouve fermée. Abandonnée de tous ses compagnons d'armes, entourée d'assaillants, Jeanne fait des prodiges de valeur et cherche alors à prendre la fuite pour éviter la captivité. Un archer picard la saisit par son habit et la fait tomber de cheval. Elle est aussitôt désarmée, et le bâtard de Vendôme l'emmène à Marigni, où on la confie à une garde nombreuse. Guillaume de Flavi, alors gouverneur de Compiègne, guerrier intrépide et royaliste zélé, mais fameux par ses débauches, son avarice et sa cruauté, fut soupçonné d'avoir fait fermer la barrière dans l'intention de livrer aux ennemis l'héroïne d'Orléans. Quoi qu'il en soit, jamais les victoires de Créci, de Poitiers et d'Azincourt n'excitèrent parmi les Anglais des transports de joie pareils à ceux que fit éclater la prise de la Pucelle par les Bourguignons. Les soldats anglais accoururent en foule pour considérer cette fille de dix-neuf ans dont le nom seul, depuis plus d'une année, portait la terreur jusque dans Londres. On envoya partout des courriers pour répandre cette nouvelle; et l'on fit des réjouissances publiques à cette occasion dans le petit nombre de villes restées soumises au parti anglais.

L'horrible tragédie, méditée par la haine et la vengeance des Anglais, fut quatre mois à se préparer. Durant ce temps, Jeanne d'Arc, d'abord prisonnière au château de Beaulieu, fit une première tentative pour s'évader; et ensuite transportée dans le château de Beaurevoir, à quatre lieues au sud de Cambrai, elle y fut traitée avec égard par la femme et la sœur de Jean de Luxembourg. Quoique sensible à l'affection qu'on lui témoignait, la crainte qu'avait la Pucelle d'être livrée aux

Anglais lui fit essayer une seconde fois de s'échapper : elle sauta par une fenêtre et tomba sans connaissance au pied de la tour où elle était enfermée. Dès qu'elle fut rétablie, on la transporta à Arras, et ensuite au Crotoi, citadelle très-forte à l'embouchure de la Somme.

Le duc de Bedfort, pour relever son parti abattu en sacrifiant Jeanne à sa vengeance, voulait d'abord établir, par une procédure solennelle, qu'elle avait employé des sortiléges et la magie : par là il parvenait à la faire condamner comme hérétique ; il détruisait l'ascendant qu'aurait exercé sur tous les esprits le seul souvenir de ses vertus ; il sauvait l'honneur de ses armes flétri par tant de défaites ; et, pour nous servir de l'énergique langage de ce siècle, il *infamait* le roi de France. Déjà un frère Martin, vicaire général de l'inquisition, avait prétendu évoquer le jugement de la Pucelle à son tribunal ; Pierre Cauchon, cet évêque de Bauvais expulsé de son siége, la réclamait aussi comme ayant été prise dans son diocèse, ce qui était une fausseté, car elle avait été faite prisonnière au delà du pont de Compiègne et sur le territoire du diocèse de Noyon. Enfin, l'Université de Paris écrivit au duc de Bourgogne pour qu'elle fût traduite devant un tribunal ecclésiastique, comme suspecte de magie et de sortilége. Ce concours de lâcheté et de férocité prouvait au duc de Bedfort la facilité qu'il aurait d'exécuter ses projets ; mais il fallait tirer la prisonnière des mains de Jean de Luxembourg, comte de Ligni, qui ne paraissait pas d'abord disposé à la céder. Son épouse, lorsqu'elle le voyait ébranlé par les offres qu'on lui faisait, le suppliait a genoux de ne pas livrer à une mort certaine une captive si intéressante par son courage et son innocence, et que d'ailleurs les lois de la guerre obligeaient de respecter. Enfin, on fit valoir le droit qu'avaient les souverains de s'emparer des prisonniers, de quelque condition qu'ils fussent, en payant une somme de 10,000 livres à ceux à qui ils appartenaient. Au moyen de cet argent, qui fut remis à Jean de Luxembourg, et d'une pension de 300 livres pour le bâtard de Vendôme, l'héroïne d'Orléans fut livrée à un détachement de troupes anglaises qui la conduisit à Rouen. Là on la chargea de chaînes, on la jeta dans un cachot, on l'accabla d'outrages ; et l'on commença cet affreux procès dont l'original, existant encore aujourd'hui à la Bibliothèque du roi, dépose, comme par l'effet d'une justice divine, des vertus et de l'innocence de cette auguste victime, et porte au plus haut degré d'évidence historique les faits les plus surprenants de sa merveilleuse histoire, puisque les preuves qui les constatent s'y trouvent rassemblées et vérifiées par ceux-là même qui voulaient ternir sa chaste gloire et qui étaient acharnés à sa perte.

Pierre Cauchon et un inquisiteur nommé Lemaire, assistés de soixante assesseurs qui n'avaient que voix consultative, furent les juges de l'infortunée Jeanne. Son procès s'instruisit selon les formes mystérieuses et barbares de l'inquisition. Mais après plusieurs interrogatoires on s'aperçut combien il serait difficile de parvenir au but qu'on se proposait : Jeanne, dans l'infortune et dans les fers, et en présence du tribunal qui avait juré sa perte, se montrait peut-être plus étonnante que sur le champ de bataille et à la tête des armées; elle joignait un courage inébranlable à la plus touchante douceur; elle pleurait comme une jeune fille, et se conduisait comme un héros. Les juges accumulaient en vain les questions insidieuses, les violences, les réticences, les menaces, les impostures, les faux matériels, pour la faire tomber dans le piége : rien ne leur réussissait, et ils se trouvaient eux-mêmes réduits au silence de la honte par la justesse, la dignité et l'énergie de ses réponses. Telle était la crainte qu'elle inspirait encore aux Anglais, quoique captive, que des lettres écrites au nom du roi d'Angleterre, datées du 12 décembre 1430, ordonnaient de faire arrêter et traduire devant les conseils de guerre tous ceux à qui la peur de la Pucelle ferait abandonner leurs drapeaux : *Quos terriculamenta puellæ exanimaverint.*

L'impulsion qu'elle avait donnée à la valeur française enfantait d'ailleurs chaque jour de nouveaux succès : les Anglais étaient partout défaits, et les revers multipliés qu'ils essuyaient les irritaient encore plus contre celle qui en était la cause primitive; ils pressaient les juges et prodiguaient, pour hâter le moment de son supplice, et l'argent et les menaces. Mais ils trouvaient un puissant obstacle dans l'intérêt qu'elle inspirait même aux assesseurs choisis pour la condamner. La duchesse de Bedfort s'intéressait aussi vivement à son sort. Jeanne d'Arc s'étant déclarée vierge dans ses interrogatoires, et ayant offert de se soumettre à l'examen de femmes recommandables par leurs mœurs, la duchesse de Bedfort nomma les matrones qui devaient la visiter. Quelques témoins ont assuré, dans le procès de révision, que le duc de Bedfort, sans doute à l'insu de sa vertueuse épouse, se cacha dans une chambre voisine, d'où, à l'aide d'une ouverture pratiquée dans le mur de séparation, il osa promener ses regards indiscrets sur l'infortunée qu'il destinait au supplice. Le rapport des matrones s'étant trouvé à l'avantage de Jeanne, on eut bien soin de n'en faire aucune mention au procès, parce qu'il eût anéanti le principal chef d'accusation, celui de magie et de sorcellerie. On l'interrogea plusieurs fois sur sa première entrevue avec Charles VII, mais elle ne voulut jamais s'expliquer clairement sur le secret qu'elle lui avait révélé pour lui faire reconnaître la vérité de sa mission : ou, lorsqu'elle y fut contrainte, elle le fit d'une manière allégorique et inintelligible. Sur tout ce qui concernait ses apparitions et les voix qui la conseillaient, elle entra dans les plus grands détails et raconta ingénument tout ce qu'elle avait vu et entendu, et tout ce qu'elle avait dit dans ses entretiens secrets avec les saintes qui chaque jour lui apparaissaient, et lui disaient de répondre hardiment. Bien loin de nier les prédictions qu'elle avait faites dans ses lettres, elle dit à ses juges qu'avant sept ans les Anglais abandonneraient un plus grand gage qu'ils avaient devant Orléans, et qu'ils perdraient tout en France. Il est assez remarquable que Paris fut repris par les Français le 13 avril 1436, c'est-à-dire six ans après que l'on eut consigné cette prédiction dans le procès de Jeanne, dont nous possédons la grossee authentique. Jeanne répéta encore depuis cette prédiction en d'autres termes dans les interrogatoires suivants, particulièrement lorsqu'on lui demanda si Dieu haïssait les Anglais: « De l'amour ou hayne que Dieu a aux Anglais ou que Dieu leur souhaite à leurs âmes, ne say rien; mais je sçay bien que ils seront boutez hors de France, excepté ceux qui y mourront, et que Dieu envoyra victoire aux Français et contre les Anglais. » On lui demanda si elle ne disait pas aux guerriers qui portaient des étendards semblables au sien qu'ils seraient heureux à la guerre: « Non, répondit-elle, je disais: Entrez hardiment contre les Anglais! et j'y entrais moi-même. » Interrogée sur ce que lui avaient dit ses saintes sur l'issue de son procès, elle répondit: « Mes voix me disent que je serai délivraie par grand victoire, et après me disent mes voix: pran tout en gré, ne choile (soucie) de ton martyre; tu t'en vendras (viendras) enfin au royaume de paradis; et ce me disent mes voix, c'est à service sans faillir, et appelle et (cela) martyre pour la peine et adversité que souffre en la prison; et non sçay si plus grand souffrirai, mais m'en acte (rapporte) à Notre-Seigneur. » On lui demanda quelle était la distinction entre l'Eglise militante et l'Eglise souffrante. Isambert, un des juges assesseurs, touché de compassion, après lui avoir expliqué cette question, lui conseilla de s'en rapporter au jugement du pape et du concile de Bâle sur le fait de ses apparitions; ce qu'elle fit à l'instant même. Cet appel allait l'arracher à la fureur de ses ennemis : aussi l'évêque de Beauvais dit à Isambert d'une voix menaçante : « Taisez-vous, de par le diable : » et il défendit au greffier de faire mention de cet appel que le procès de révision a fait connaître. Cependant les interrogatoires se multipliaient, et le procès n'avançait pas. Les réponses de l'accusée, les visites auxquelles on l'avait soumise, les informations prises dans le pays de sa naissance, les dépositions des témoins, tout tendait à sa décharge. Pour la perdre, l'évêque de Beauvais eut recours à une ruse odieuse. Jeanne avait plusieurs fois demandé les secours de la religion ; on introduisit dans sa prison un prêtre hypocrite nommé l'Oyseleur, qui feignit d'être ainsi qu'elle retenu dans les fers. Elle ne fit pas difficulté de se confesser à lui. Il gagna sa confiance, il lui donna des conseils pour la faire tomber dans le piége ; et quand il recevait sa confession, deux hommes cachés derrière une fenêtre couverte d'une simple serge, écrivaient ce qu'elle disait Ces lâches artifices ne purent encore fournir la moindre preuve des crimes dont on l'accusait. Plusieurs des assesseurs, indignés des iniquités qu'on employait en vers elle, se retirèrent et cessèrent d'assister aux séances. L'évêque de Beauvais ne savait plus qu'imaginer. Ce fut alors qu'elle tomba malade, et qu'on la soupçonna d'avoir voulu s'empoisonner ; mais le projet du duc de Bedfort échouait, si Jeanne mourait violemment; aussi les Anglais eurent-ils grand soin d'elle tout le temps que dura sa maladie. On résolut enfin de ré[illegible] à douze chefs d'accusation ce qui résultait des interrogatoires, l'Université de Paris pour prononcer sur des questions générales qu'on avait posées, sans spécifier ni accusée, ni juges, ni procès. L'Université rendit une décision conforme aux vues du tribunal de Rouen, et l'on continua avec activité les procédures, qui ne furent pas même interrompues pendant la quinzaine de Pâques. Les Anglais menaçaient les juges et l'évêque de Beauvais lui-même, s'ils ne terminaient pas promptement ; et il fallut enfin se résoudre, pour commettre cette grande iniquité, à violer toutes les lois divines et humaines. Jeanne, trompée par les funestes conseils de l'Oyseleur, était persuadée qu'elle n'aurait pas plutôt reconnu l'autorité de l'Eglise terrestre ou militante, que ses juges, se prétendant revêtus de tous les pouvoirs de cette Eglise, l'enverraient aux bourreaux. Lors donc qu'on l'interrogea sur cet article, elle refusa de répondre ou répondit : « Je crois bien que l'Eglise militante ne peut faillir ou errer ; mais quant à mes dis et faits, je les meict et m'en rapporte de tout à Dieu qui me a fait faire ce que je ay fait. » Alors on lui dit que si elle ne se soumettait pas à l'Eglise, elle s'exposait aux peines du feu éternel, quant à l'âme, et du feu corporel, quant au corps. « Vous me ferez ja ce que vous dites contre moy, qu'il ne vous en prenne mal au corps et à l'âme, » répondit-elle. Le jour d'ensuite, l'évêque de Beauvais se transporta dans sa prison avec les bourreaux et les instruments de torture, et il la menaça de la soumettre à d'affreuses épreuves. Cet aspect ne la fit point changer dans ses réponses : elle protesta avec courage contre tous les aveux qui pourraient lui être arrachés par la violence. L'évêque de Beauvais voulait la faire appliquer à la question, et la seule crainte qu'elle ne mourût par suite des tourments, obligea le barbare prélat de se désister de son projet.

Cependant, le 24 mai 1431, Jeanne d'Arc fut conduit sur la place du Cimetière de Saint-Ouen, pour y entendre sa sentence. Là, on avait dressé deux échafauds : sur l'un étaient l'évêque de Beauvais, le vice-inquisiteur, le cardinal d'Angleterre, l'évêque de Noyon, l'évêque de Boulogne, et trente-trois assesseurs ; sur l'autre paraissaient Jeanne d'Arc et Guillaume Erard chargé de la prêcher. Le bourreau, avec un chariot attelé de quatre chevaux, était prêt, au besoin, à enlever la victime, et à la transporter à la place au Vieux-Marché, où le bûcher avait été préparé. Une foule de peuple remplissait la place. Guillaume Erard prononça un discours rempli d'invectives les plus grossières contre l'accusée, contre les Français restés fidèles au roi Charles, et contre le roi Charles lui-même. « C'est à toi, Jeanne, s'écriait-il, que je parle, et te dis que ton roi est hérétique et schismatique. » Jeanne d'Arc eut encore le courage d'interrompre l'orateur. « Par moi foy, sire, révérence gardée, s'écria-t-elle ; car je vous ose bien dire et bien jurer, sur la peine de ma vie, que c'est le plus noble crestien de tous les crestiens, et que mieux aime la foy et l'Eglise, et n'est point tel que vous le dictes. » Le prédicateur et l'évêque de Beauvais crièrent en même temps à l'appariteur Massieu : « Faites-la taire. » Après ce sermon, qualifié dans le procès de prédication charitable, Massieu fut chargé de lire une cédule d'abjuration, et après la lecture, on somma Jeanne d'Arc d'abjurer. Elle répondit qu'elle n'entendait pas ce mot, et elle demanda qu'on la consultât. On chargea de ce soin l'appariteur Massieu. Cet homme, dont le métier était de conduire les criminels en prison, au tribunal et à l'échafaud, était touché de compassion pour Jeanne. Il lui expliqua ce qu'on voulait d'elle, et il l'engagea de s'en rapporter à l'Eglise universelle. « Je me rapporte, dit alors Jeanne, à l'Eglise universelle, si je dois abjurer ou non. — Tu abjureras présentement, s'écria l'impitoyable Erard, ou tu seras arse (brûlée). » Elle affirma de nouveau qu'elle se soumettra à la décision du pape, assurant cependant qu'elle n'avait jamais rien fait que par les ordres de Dieu : que son roi ne lui avait rien fait faire, et que s'il y avait eu quelque mal dans ses actions et dans ses discours, il provenait d'elle et non d'autre. Alors l'évêque de Beauvais se leva et lut la sentence préparée la veille ; il eut l'audace d'y dire que l'accusée refusait de se soumettre au pape, quoiqu'elle vînt précisément d'articuler le contraire. Le défaut de témoins, la récusation faite par Jeanne d'Arc de plusieurs chefs d'accusation, frappaient la procédure de nullité. Les juges, inquiets de la responsabilité qu'on pouvait faire peser sur eux dans la suite, désirant surtout que l'accusée abjurât, on employait à cet égard et les menaces et les prières. L'évêque de Beauvais, pour atteindre ce but, ne craignit pas de s'exposer à la colère des Anglais, qui l'injurièrent lorsqu'ils le virent suspendre la lecture de l'acte de condamnation. Vaincue par tant d'instances, Jeanne déclara qu'elle s'en rapportait sur le tout à sa Mère sainte et à ses juges. Alors Guillaume Erard lui dit : « Signe maintenant, autrement tu finiras aujourd'hui tes jours par le feu. » La cédule qui lui avait été lue contenait simplement une promesse de ne plus porter les armes, de laisser croître ses cheveux et de quitter l'habit d'homme. Entendue par une foule de témoins, il fut affirmé que cette pièce n'avait que huit lignes; mais celle qu'elle signa, et qui lui fut présentée, non par le greffier du tribunal, mais par Laurent Callot, secrétaire du roi d'Angleterre, renfermait plusieurs pages; et elle s'y reconnaissait dissolue, hérétique, séditieuse, invocatrice de démons, coupable enfin des forfaits les plus abominables. Cette infidélité a été prouvée de la manière la plus évidente par les déclarations du greffier qui avait fait lecture de la première cédule, par les dépositions de l'appariteur Massieu et de plusieurs autres témoins. Alors l'évêque de Beauvais lut la sentence qui condamnait Jeanne d'Arc, pour réparation de ses fautes, à passer le reste de ses jours *au pain de douleur et à l'eau d'angoisse*, selon l'expression de l'inquisition. Jeanne dit que puisque l'Eglise la condamnait, elle devait être remise entre les mains de l'Eglise. « Menez-moy en vos prisons, et que je ne sois plus en la main de ces Anglays. » Mais il n'était pas au pouvoir de l'évêque de Beauvais de satisfaire à cette demande, d'une justice si évidente, et l'infortunée fut reconduite au château de Rouen.

Cependant les chefs des Anglais étaient furieux que la victime leur eût échappé; plusieurs levèrent leurs glaives sur l'évêque et sur les juges pour les frapper. Enfin, le comte de Warwick leur déclara que l'intérêt du roi d'Angleterre souffrait un dommage manifeste de ce qu'ils permettaient que Jeanne ne fût pas livrée au supplice. «N'ayez cure, dit l'un d'eux, nous la retrouverons bien.»

En attendant, les Anglais se vengeaient sur elle en augmentant les rigueurs de sa prison. Elle était gardée par cinq soldats, dont trois ne quittaient pas son cachot, et dont deux veillaient sans cesse à la porte; elle était attachée pendant la nuit par deux chaînes de fer fixées au pied de son lit, et pendant le jour à un poteau, au moyen d'une autre chaîne qui la tenait par le milieu du corps. Elle avait repris ses habits de femme et s'était soumise à son acte de condamnation.

On ne trouvait aucun prétexte pour sévir contre elle : il fallut donc en faire naître un. Pendant qu'elle dormait, on lui enleva ses habits, et l'on y substitua des habits d'homme. Elle redemanda avec instance à ses gardes qu'on lui restituât les vêtements de son sexe; on les lui refusa, et elle se vit enfin forcée de s'habiller en homme. Aussitôt, plusieurs témoins apostés exprès paraissent pour prendre acte de cette prétendue transgression. L'évêque de Beauvais et quelques juges se rendent dans la prison : on dresse procès-verbal, et l'évêque dit en sortant au comte de Warwick, à haute voix et en riant : « *Fare well, fare well*, faites bonne chère, il en est fait. » Le lendemain le tribunal interroge et délibère pour la forme, et la sentence qui condamne Jeanne d'Arc comme « relapse, excommuniée, rejetée du sein de l'Eglise et jugée digne, par ses forfaits, d'être abandonnée à la justice séculière, » est prononcée.

Dès le matin du jour fatal (31 mai 1431), l'évêque de Beauvais envoya frère Martin l'Advenu pour signifier à Jeanne d'Arc sa sentence de mort. Elle s'abandonna à la plus violente douleur et s'écria : « J'en appelle à Dieu le grant juge des grans torts et ingravances qu'on me faict. » Frère Martin l'Advenu reçut sa confession. Jeanne demanda avec ardeur le sacrement de l'Eucharistie. Alors il se présenta une difficulté : frère Martin pouvait-il, devait-il admettre à la communion une femme déclarée hérétique, excommuniée et retranchée du nombre des fidèles ? Il envoya l'appariteur Massieu à l'évêque de Beauvais pour lui faire part de la demande de Jeanne ; et, ce qu'il serait impossible de croire si le fait n'était constaté au procès, l'évêque de Beauvais, après avoir consulté quelques-uns des juges, fit répondre à frère Martin qu'il donnât à Jeanne d'Arc le sacrement de l'Eucharistie et *toutes choses quelconques qu'elle demanderait*. Ainsi la piété exerce par moments son empire jusque sur les cœurs les plus corrompus et les plus féroces, puisqu'en se laissant fléchir, l'évêque de Beauvais ne craignit pas de contredire sa propre sentence, et de déclarer de la sorte innocente celle qu'il allait livrer au supplice comme coupable. Frère Martin l'Advenu, d'après la décision de l'évêque, administra à Jeanne d'Arc le sacrement de l'Eucharistie qu'elle reçut avec une humilité profonde et une grande abondance de larmes. Après cet acte de piété, elle eut plus de fermeté et de courage. Quand elle vit l'évêque de Beauvais, elle lui dit : « Evêque, je meurs par vous ; si vous m'eussiez mise aux prisons de cour d'Eglise, cecy ne me fût pas advenu : pour quoy je appelle de vous devant Dieu. »

A neuf heures du matin, le bourreau fit monter dans son chariot Jeanne revêtue de ses habits de femme ; frère Martin l'Advenu et frère Isambert de La Pierre étaient à ses côtés ; huit cents soldats anglais, armés de haches, de glaives et de lances, entouraient ce chariot ; une foule immense remplissait la place. On vit alors un homme ayant les traits altérés, le visage baigné de larmes, percer la foule, pénétrer à travers les soldats étonnés, et monter sur le chariot où était Jeanne : c'était l'Oyseleur qui, déchiré de remords, demandait à Jeanne d'Arc pardon de toutes ses perfidies. Il eût été, sans le comte de Warwick, massacré sur l'heure par l'escorte anglaise, et il ne put sauver sa vie qu'en sortant à l'instant même de la ville. Cependant Jeanne d'Arc, par ses lamentations pieuses et l'abandon de sa douleur, touchait tous ceux qui se trouvaient présents. Lorsqu'elle arriva sur la place du Vieux-Marché où elle devait être livrée aux flammes, la foule fondait en larmes. A peu de distance du bûcher, élevé sur une plate-forme, on avait dressé deux échafauds : sur l'un étaient les juges ecclésiastiques et civils, le bailli de Rouen et son lieutenant ; sur l'autre se trouvaient plusieurs prélats. Nicolas Midi, docteur en théologie, adressa d'abord à Jeanne un discours d'admonition : lorsqu'il fut terminé, Jeanne se mit à genoux, fit ses prières, déclara encore que le roi ne l'avait pas induite aux choses qu'elle avait faites, soit qu'elles fussent répréhensibles ou dignes de louanges ; elle se recommanda ensuite à la piété de tous les assistants, et supplia les prêtres présents de dire chacun une messe pour elle. Dans ce moment, non-seulement le peuple, mais les juges, mais les soldats anglais eux-mêmes se sentirent attendris et pleurèrent.

Alors l'évêque de Beauvais se leva, et lut la sentence qui, comme la première, s'adressait à l'accusée, et renfermait aussi de longues exhortations, des injures, des imputations calomnieuses; elle se terminait par ces mots : « Nous vous déclarons relapse et hérétique par notre présente sentence; nous vous livrons à la puissance séculière, en la priant de modérer son jugement à votre égard, en vous évitant la mort et la mutilation des membres. » Cette formule hypocrite est toujours celle qu'employait l'inquisition lorsqu'elle condamnait quelqu'un au dernier supplice. Mais alors il fallait au moins que la justice séculière prononçât la sentence de mort et donnât des ordres pour l'exécution. Le bailli de Rouen et ses assistants présents ne prononcèrent point de sentence et ne donnèrent point d'ordres. Aussitôt que l'évêque de Beauvais eut terminé sa lecture, deux sergents s'approchèrent pour contraindre Jeanne d'Arc de descendre de l'échafaud. Alors elle embrassa une croix que, sur sa demande, on lui avait apportée d'une église voisine, et elle se laissa conduire par frère Martin l'Advenu. Mais des soldats anglais la saisirent et la traînèrent au supplice avec fureur, elle invoquait le nom du Sauveur et s'écriait : « Ah ! Rouen ! Rouen ! seras-tu ma dernière demeure ! » Au pied du bûcher on ceignit sa tête de la mitre ignominieuse de l'inquisition, sur laquelle étaient écrits ces mots : *Hérétique*, *relapse*, *apostate*, *idolâtre.* En face du bûcher paraissait un tableau sur lequel on lisait cette inscription : « Jeanne, qui s'est fait nommer *la Pucelle*, menteresse, pernicieuse, abuseresse de peuple, devineresse, superstitieuse, blasphémeresse de Dieu, mal créant de la foi de Jésus-Christ, vanteresse idolastre, cruelle, dissolue, inventeresse de diables, schismatique et hérétique. »

Jeanne d'Arc demanda instamment un crucifix. Un Anglais qui se trouvait présent rompit un bâton et en fit une espèce de croix ; elle la reçut, la baisa et la mit sur son sein : elle marcha ensuite sur le bûcher ; on l'attacha à une colonne en plâtre que l'on avait construite exprès, et l'on alluma le feu. Frère Martin l'Advenu, absorbé par les soins pieux qu'il donnait à cette infortunée, ne s'apercevait pas que la flamme s'approchait de lui : Jeanne y veillait et l'en avertit; elle lui dit de s'éloigner un peu, et le pria en même temps de se placer au bas de l'échafaud, de tenir la croix levée devant elle, et de continuer à l'exhorter assez haut pour qu'elle pût l'entendre ; il obéit avec un tendre zèle. Comme on ne voulait laisser aucun doute sur sa mort, on avait élevé le bûcher à une hauteur extraordinaire, afin que la victime fût aperçue de tout le peuple; ce qui mit obstacle à l'embrasement et rendit le supplice plus long et plus douloureux. Quelques sanglots s'élevèrent du sein des flammes, on entendit le nom de Jésus... c'était son dernier soupir.

Le cardinal de Winchester ordonna qu'on rassemblât ces quelques cendres, et les fit jeter dans la Seine. Ainsi périt, à l'âge de vingt-cinq ans, celle qui avait sauvé le roi et la France, et ni le roi ni la France ne firent rien pour l'arracher des mains de ses ennemis.

L'AUNOY (Jean de).

Naquit au commencement du XVIIe siècle, à Valderic, petit village du département de la Manche.

Après avoir terminé ses premières études au petit séminaire de son diocèse, il suivit à Paris l'évêque de Coutance. Quand il eut fait son cours de philosophie et de théologie, il obtint le bonnet de docteur et l'avantage d'être admis dans la maison de Navarre. Ordonné prêtre, il se rendit dans la capitale du monde chrétien, et se lia d'amitié avec le célèbre Léon Alletius.

Exempt de toute espèce d'ambition, il se livra tout entier aux plus profondes études; il visita les bibliothèques, fréquenta les savants, et dans le temps même qu'il acquérait de la science, il posait les fondements d'une grande renommée par sa profonde sagacité et son immense érudition. Dévorant livres et manuscrits, il transcrivait par ordre de matières tous les passages qui l'avaient frappé.

Nommé un des quatre censeurs royaux que le chancelier Séguier créa de son propre mouvement en 1643, pour supprimer tout ce qui tendrait à propager la doctrine de Jansénius et d'Arnaud, il ne tarda pas à renoncer à cet office, qui ne pouvait, dit-il dans une de ses lettres que nous avons sous les yeux, se concilier avec la vérité pour laquelle un docteur doit répandre jusqu'à la dernière goutte de son sang. Sans nous arrêter à faire l'histoire des querelles des Jansénistes et des Molinistes, dans lesquelles il montra des opinions singulières et discordantes que le grand Bossuet essaya de réfuter, nous arrivons à la nomination de son protecteur, l'abbé d'Estrées, à l'évêché de Laon. Ce prélat lui donna deux canonicats, mais il s'en démit bientôt en disant : « Il faut qu'un chanoine chante et *boive à plein ventre ; je ne sais pas chanter, et je ne bois jamais que de l'eau.* »

Il ajouta dans une autre occasion : *Je me trouverais bien de l'église, mais l'église ne se trouverait pas bien de moi.* Il est assez étonnant qu'un docteur de son siècle lui ait fait un crime de son désintéressement.

La haute réputation de savoir dont jouissait L'Aunoy le fit rechercher par tous les hommes de mérite de son siècle ; Colbert même le consulta plusieurs fois. En 1675, la publication de son célèbre traité de la *Simonie* fut prohibée, et on lui défendit de la part de la cour de continuer certaines conférences qu'il faisait chez lui tous les lundis sur la doctrine du clergé de France, et où, dit un auteur moderne, il se portait défenseur des libertés gallicanes. L'illustre cardinal de Beausset n'attribue pas à la même cause la clôture des conférences qui se tenaient chez de L'Aunoy : « Bossuet, dit-il, devenu précepteur de Mgr. le dauphin, fut informé, par M. le docteur Arnaud, que le docteur de L'Aunoy tenait des conférences où il hasardait des maximes favorables au socinianisme. Sans paraître agir ouvertement, Bossuet fit dissoudre ces conférences par l'autorité du chancelier Letellier ; mais, satisfait d'avoir arrêté la contagion d'une doctrine dangereuse, il veilla avec attention à ce qu'on n'inquiétât en aucune manière le docteur L'Aunoy, et à ce qu'il ne fût exposé à aucun désagrément personnel... Il paraît cependant que l'archevêque de Paris était le véritable auteur de cet événement, et les amis de la science se plaignirent hautement de l'ingratitude de M. de Harlay envers le docteur. Mais celui-ci, toujours résigné, toujours soumis, calmait leur effervescence et s'efforçait de les ramener à des sentiments plus pacifiques. »

Les bornes de notre cadre ne nous permettent pas de faire connaître tous les ouvrages de ce savant; disons seulement qu'il s'attacha surtout à faire connaître l'origine des saints, et fit preuve à cette occasion d'une judicieuse critique et d'un noble courage. L'ignorance du moyen âge avait assigné à la plupart des églises de France une origine tout apostolique et miraculeuse : le judicieux L'Aunoy en démontra la fausseté ; il dévoila le ridicule d'une multitude de traits fabuleux dont se repaissait la piété de nos aïeux, que la cupidité tournait à son profit, et qui servaient de prétexte aux méchants pour calomnier la religion. Sa critique fut quelquefois téméraire, mais plus souvent sûre et utile à la manifestation de la vérité ; elle lui attira des adversaires redoutables. Le pape Alexandre lui-même fut son antagoniste. Il est peu d'ouvrages de L'Aunoy qui ne soient à l'index de Rome, il en est peu qui n'aient excité de vives réclamations. Le bien qu'il a fait est infini ; les préjugés qu'il n'a pu détruire entièrement, il les a ébranlés ; et depuis ils ont été moins dangereux. Il raisonne peu et cite beaucoup. On l'appelait de son temps le *dénicheur* de saints. « Il était redoutable au ciel et à la terre, dit un auteur contemporain, il a plus détrôné de saints du paradis que dix papes n'en ont canonisé. Tout lui faisait ombrage, et il recherchait tous les saints les uns après les autres, comme en France on recherche la noblesse. « Le curé de Saint-Eustache de Paris disait : « Quand je rencontre le docteur de L'Aunoy, je le salue jusqu'à terre, et ne lui parle que le chapeau à la main et avec bien de l'humilité, tant j'ai peur qu'il ne m'ôte mon saint Eustache, qui ne tient à rien. »

De L'Aunoy, si sévère dans ses attaques contre les privilégiés, était doué d'une charité vraiment évangélique. Pour toute récréation, il allait s'asseoir aux derniers foyers et y distribuer des secours et la parole de vie et d'espérance. Tandis que ses persécuteurs se plongeaient dans la débauche la plus honteuse, il parcourait les rues les plus sales de la Cité, prêchant et secourant de pauvres prostituées, ouvrant à tous les cœurs flétris et gémissants une retraite pour se repentir et vivre selon Dieu. Les plus endurcies riaient du saint homme, les autres l'écoutaient, sentaient le Christ rentrer dans leur âme, et, coupant leurs cheveux, leur ceinture dorée, allaient chercher sur la dalle, dans la prière et la contrition, le pardon de leurs fautes passées.

Ainsi, à cette époque où la France villageoise, séduite par un Lovelace de la grande cité, était pour beaucoup un scandale, une infirmité, la fille aînée de Satan, il se trouvait un prêtre né dans une pauvre chaumière, qui abandonnait les honneurs et les richesses pour éclairer son pays, pour convertir, pour secourir la pécheresse et l'adultère.

LABBRE.

Labbre (le vénérable Benoît-Joseph), personnage remarquable dans le XVIIIe siècle par sa pauvreté volontaire et évangélique, naquit le 26 mai 1748, au village d'Amette, près Boulogne-sur-Mer, d'une famille d'honnêtes cultivateurs. Il était l'aîné de quinze enfants ; et au lieu d'être destiné de bonne heure à embrasser l'état de son père, il reçut d'un oncle, curé d'Erin, une éducation religieuse qui dompta son âme ardente.

L'empressement avec lequel il cherchait dès lors la solitude pour se livrer à l'étude et à la prière, annonçait qu'il sentait le besoin de combattre, par une occupation active, la vivacité de son tempérament. On verra que les occupations religieuses ne purent suffire à l'activité inquiète du jeune Labbre. Il s'était formé un petit oratoire, non pour jouer comme les autres enfants, mais pour s'exercer par des actes de piété à vaincre ou à modérer ses désirs. Déjà il se privait du nécessaire pour porter en secret à une pauvre femme, ou passer à un malheureux, par les barreaux de sa fenêtre, une portion de sa nourriture. Les œuvres du Père Le Jeune, qu'il trouva parmi les livres de son oncle, et surtout le sermon sur le petit nombre des élus l'ayant frappé, le décidèrent à embrasser une vie pénitente et retirée. Cependant sa piété active lui fit exercer son zèle dans une épidémie où il partagea ses soins avec son oncle, qui mourut victime de ce fléau.

Laissé à lui-même, sans aucune disposition pour prendre un état dans le monde, mais au contraire porté à préférer tout ce qui pouvait l'en éloigner, il demande et arrache à ses parents leur consentement pour entrer à la Trappe; mais sa jeunesse et sa faiblesse s'opposant à son admission, il passa à une première Chartreuse, dont il trouva la règle trop douce; puis dans une maison plus sévère, d'où, après les premiers exercices, il sort de même pour entrer à Sept-Fonts.

Dans cette nouvelle Thébaïde, ses austérités l'affaiblirent sans diminuer ses inquiétudes, dont il ne pouvait, comme saint Jérôme, se distraire par des occupations studieuses.

Labbre est encore forcé de quitter ce monastère, sans pourtant renoncer à l'espoir de vivre dans le cloître, comme l'avance Marcom, mais en conservant le désir d'entrer dans un monastère de Trappistes en Italie. Cependant il parcourut l'Italie et ne rentra pas dans le cloître. S'étant rendu à Notre-Dame-de-Lorrette, et de là à Assise, la patrie de saint François, une dévotion vive le saisit: il conçoit l'idée de visiter les lieux consacrés par des pieux souvenirs. Dans ces longs et périlleux voyages, il marchait le plus souvent nu-pieds, en hiver comme en été, vêtu d'un manteau presque en lambeaux, sans compagnon de voyage pour n'être pas distrait, et sans provision pour le lendemain. Il vivait d'aumônes, mais ne mendiait pas. Son air de douceur et sa piété, malgré un extérieur rebutant, excitaient l'intérêt ; mais s'il s'apercevait qu'il était remarqué, il se dérobait aux regards et changeait de route ou de séjour. Après six années de pèlerinage, il rentra dans la retraite à Rome, en 1776, et n'en sortit plus que pour visiter les églises, les hospices, les couvents et les bibliothèques. A l'instar de celui qui n'avait pas même de quoi reposer sa tête, il n'eut pendant plusieurs années d'autre gîte qu'un enfoncement pratiqué dans les ruines du Colysée.

Dévoré par le saint zèle de la charité, souvent Labbre, au chevet du lit du pauvre agonisant, s'occupait de lui adoucir le dernier passage par ses discours consolateurs.

A peine cet humble serviteur de Dieu eut-il rendu le dernier soupir, qu'on entendit tout à coup retentir dans les places publiques de Rome ce cri : *le saint est mort!* Le peuple accourt et se partage ses haillons comme des reliques. Son corps est exposé dans l'église de Notre-Dame. On vient prier non pour lui, mais pour soi-même. Enfin il est béatifié par le saint Père.

L'auteur de cette notice a vu à Rome la chambre où mourut le vénérable, et sur son tombeau la canne avec laquelle un jeune seigneur, ayant vu Labbre remettre à un autre pauvre l'aumône qu'il venait de lui faire, le frappa violemment à la tête sans que le saint homme, dont le caractère était la résignation et la patience, eût donné aucun signe de ressentiment.

NOLLET.

Nollet (l'abbé Jean-Antoine), l'un des hommes qui ont le plus contribué à répandre en France le goût de la physique, naquit en 1700 à Pimbré, village du Noyonnais, de cultivateurs qui, voulant lui assurer les avantages d'une bonne éducation, l'envoyèrent faire ses études au collége de Beauvais. Après avoir achevé ses humanités, il vint à Paris suivre un cours de philosophie, et il se chargea en même temps de l'éducation du fils de Taibout, greffier de l'hôtel-de-ville. Ses parents le destinaient à l'état ecclésiastique; mais son goût l'entraînait vers les sciences, et il employait tous ses loisirs à travailler en émail, ou à répéter dans son petit laboratoire les expériences de physique que ses maîtres lui avaient enseignées. Son application le fit connaître promptement ; et il fut admis en 1728 dans une société formée sous la protection du comte de Clermont, pour l'avancement des sciences.

Dufay, connu par l'accroissement qu'il donna au Jardin des Plantes, associa Nollet à ses recherches sur l'électricité, et Réaumur lui laissa bientôt la libre disposition de son laboratoire, où il trouva les moyens de satisfaire amplement sa curiosité. En 1734, il fit avec Dufay un voyage en Angleterre et en Hollande, pour jouir de la conversation des savants.

Revenu à Paris, de l'avis de ses amis il fit un cours de physique qui eut beaucoup de succès. L'Académie des sciences lui ouvrit ses portes en 1739, et la même année il fut appelé à Turin, pour répéter ses belles expériences devant le duc de Savoie.

En 1742, il se rendit à Bordeaux, à la prière des physiciens de cette ville, pour faire un cours, auquel s'empressèrent d'assister tous les hommes remarquables par leur science. Nollet publia bientôt la première partie de ses leçons de physique.

C'était l'ouvrage le plus clair et le plus méthodique qui eût encore paru en ce genre ; les brillantes découvertes de Newton sur la lumière y étaient mises, pour la première fois, à la portée des esprits ordinaires.

Les succès qu'il obtint déterminèrent Nollet à le perfectionner et à y joindre le résultat de ses nouvelles expériences sur l'électricité, branche qui devint dans la suite l'objet particulier de ses recherches. L'honneur qu'eut Nollet de faire un cours de physique à Versailles lui mérita la protection du dauphin.

On rapporte cependant qu'un homme en place à qui le dauphin l'avait adressé, accueillit froidement ses ouvrages ; et que lui ayant dit : « Je ne lis guère ces sortes de livres, » Nollet lui répondit : « Monsieur, je vais les laisser dans votre antichambre, il s'y trouvera peut-être des gens d'esprit qui les liront. » En 1749, le roi l'envoya en Italie, pour recueillir des notions exactes sur l'état des sciences dans cette belle contrée. Il remplit cette mission en homme qui en appréciait l'importance, et en rapporta de nombreux manuscrits dont il fit part à l'Académie.

Après avoir été professeur au collége de Navarre, à La Fère et à Mézières, Nollet mourut au Louvre, où le roi lui avait accordé un logement.

Ce grand physicien était désintéressé et consacrait toute sa fortune, fruit de son travail, à soulager les malheureux et à aider ses pauvres parents, dont il ne rougit jamais.

PALISSY (Bernard de).

Ce paysan de Saintonge était vraiment un homme de génie. Il naquit le 16 avril 1499, dans le diocèse d'Agen, de parents si pauvres, qu'ils ne purent presque donner aucun soin à son éducation. Il apprit cependant à lire et à écrire, et s'étant appliqué dans sa jeunesse à l'arpentage, on le chargea de quelques commissions qui lui procurèrent une sorte d'aisance. L'habitude de tracer des lignes et des figures géométriques lui inspira le goût du dessin, qu'il développa en copiant les ouvrages des grands maîtres de l'Italie. « L'on pensait en notre pays, dit-il, que j'étais plus savant en l'art de peindre que je n'étais. Je peignais des images. » On l'employa aussi à peindre des vitraux.

C'est avec ces talents qu'il voyagea depuis la mer de Flandre et des Pays-Bas et depuis la Bretagne jusqu'au Rhin. Dès lors ses vues sur la nature se développèrent.

La chimie était encore couverte de mystères, sans principes comme sans méthode ; il n'y avait point d'école, et c'étaient des apothicaires qui l'enseignaient.

Palissy pénétra jusque dans les antres de ces hommes qui prétendaient changer tous les corps en un métal précieux, et il n'y trouva que des charlatans tour à tour dupes et fripons. Il osa s'élever contre leurs sottises et leurs préjugés. Un philosophe étonna beaucoup, car Montaigne n'avait pas encore paru.

Palissy, fixé en Saintonge, est tout à coup emporté par le désir de faire de nouvelles découvertes ; il abandonne l'état de géomètre, de dessinateur, d'architecte, de peintre et de chimiste, qui assurait son existence et celle de sa famille. On le voit prendre des tessons de terre, les couvrir de ses drogues, et aller tantôt chez les potiers, tantôt chez les verriers, pour essayer des émaux dans leurs fours. Toutes ces tentatives sont infructueuses, et des obstacles imprévus l'accablent. La peine, la dépense et la misère, tous les fléaux du ciel se rassemblent contre lui; dans son atelier il est sans succès, dans le monde on le méprise, et sa femme, qui ne veut plus *souffler*, brise ses fourneaux. Il lutte contre les revers et il réussit. Tous les grands seigneurs voulurent que sa belle poterie décorât leurs jardins, et, malgré l'éclat de sa faïence, il ne prit que le titre singulier et modeste d'*ouvrier de terre* et d'*inventeur de rustiques figuleries.*

Palissy était protestant, il faillit être victime de l'édit donné par Henri II à Rouen, dans le courant de juin 1559. Il fut traîné en prison, et son supplice se préparait, lorsque le connétable de Montmorency parvint à briser ses fers.

Il vint demeurer aux Tuileries, *vis-à-vis la Seine.* Il y courut de nouveaux risques et n'échappa que par un prodige aux proscriptions du 24 août 1572.

On peut juger de la trempe d'âme de cet homme par la réponse qu'il fit un jour à Henri III, qui était allé le voir à la Bastille, où il avait été enfermé par l'ordre des Seize. « Mon bon homme, lui dit ce prince, si vous ne vous accommodez sur le fait de la religion, je suis contraint de vous laisser entre les mains de mes ennemis. — Sire, lui répondit ce généreux vieillard, vous m'aviez dit plusieurs fois que vous aviez pitié de moi, mais moi j'ai pitié de vous qui avez prononcé ces mots : *Je suis contraint.* Ce n'est pas parler en roi, mais je vous apprendrai en langage royal, que les Guisards, tout votre peuple ni vous ne sauriez *contraindre* un potier à fléchir les genoux devant des statues. »

On n'en vint pas à cette extrémité. Le duc de Mayenne, ne pouvant le délivrer, fit du moins retarder l'instruction de son procès, et il termina en prison, vers 1589, à l'âge de quatre-vingt-dix ans, une vie qu'il avait honorée par de grands talents et par de rares vertus.

Cet homme, qui n'avait eu d'autres biens que le *ciel* et la *terre*, est le premier qui ait donné des leçons publiques d'histoire naturelle. Ses leçons ne se bornaient pas à montrer des morceaux curieux dont il avait une rare collection, il proposait sur la formation de tous ces morceaux des conjectures qui ont été justifiées par les observations des Buffon et des Sage. Il avait des idées très-saines sur les coquilles fossiles, qu'il jugea avoir été déposées par la mer, sur leur usage dans la construction des vaisseaux, sur la préparation du sel commun dans les marais salants, sur les glaces, sur les émaux et sur le feu.

Palissy est encore le premier qui enseigna la vraie théorie des fontaines. Il fut donc, comme dit Fontenelle, aussi grand physicien que la nature seule puisse en former.

A un génie extraordinaire, Palissy joignait beaucoup de probité, de candeur, et une âme forte. Si Plutarque eût connu un tel homme, il l'aurait peint avec les couleur vives de son pinceau sublime. Palissy était très-savant, quoiqu'il ne sût ni grec ni latin, et son style simple et clair a quelque chose de la vivacité et de l'énergie de celui de Montaigne.

PARIS-DUVERNEY (Joseph).

Paris-Duverney (Joseph), élève financier, était le troisième des quatre frères qui eurent une grande part à l'administration des finances sous Desmarets, le duc de Noailles et d'Argenson. L'aîné se nommait Antoine, le second La Montagne, et le quatrième Montmartel. Ils étaient nés à Moras, dans le Dauphiné, où leur père tenait une petite auberge, tout en faisant valoir une petite ferme que son oncle lui avait donnée. Les frères Paris furent assez heureux pour rendre un service assez important au munitionnaire de l'armée d'Italie, qui n'avait pas eu le temps de former des magasins. Ils préservèrent ensuite le Dauphiné des horreurs de la famine en faisant arriver des blés de la Bourgogne, qui en avait en abondance. Au lieu de leur témoigner la reconnaissance qu'on leur devait, mais qu'ils ne demandaient pas, on les accusa de monopole et ils furent obligés de chercher un asile dans la capitale pour échapper aux poursuites de l'intendant de la province. En 1704, l'aîné des Paris ayant été chargé de la direction des vivres de l'armée de Flandre, s'associa à son frère dont il connaissait le zèle et l'activité, et, triomphant des obstacles de tout genre occasionnés par la pénurie des finances et la revue de nos armées, il pourvut à la subsistance des troupes au moyen de l'immense crédit que lui donna sa fidélité à remplir ses engagements.

Les talents et la probité des frères Paris étaient déjà si bien connus, que le fameux Samuel Bernard leur prêta quatre millions pour les aider à faire face aux besoins du service. En 1708, Paris l'aîné fut nommé trésorier des troupes, et quoiqu'il n'eût en entrant en campagne que la faible somme de 28,000 livres, les soldats furent toujours exactement payés, et la solde se trouva mise à jour quand l'armée prit ses quartiers d'hiver. Pour ne pas augmenter l'embarras du contrôleur général Desmarets, il consentit à attendre le remboursement des sommes énormes qui lui étaient dues par le trésor, sans exiger autre chose que les intérêts qu'il payait lui-même à ses créanciers. Cette preuve de désintéressement lui valut la protection de Desmarets, qui lui fit obtenir peu de temps après l'agrément du roi pour une charge de receveur général des finances, et procura de l'avancement à ses frères. Le renvoi du ministre éloigna momentanément des affaires les frères Paris, qui eurent beaucoup de peine à être liquidés de leurs créances. Cependant le régent s'occupait de réparer le désordre des finances occasionné par les dernières guerres. Il obligea les frères Paris de se charger du bail des fermes, et dès la première année ils en augmentèrent le produit de plusieurs millions par le bon ordre qu'ils établirent dans la comptabilité, et par des opérations habilement combinées, qui tournèrent au profit de l'État sans accroître la charge des contribuables. Duverney présenta au prince différents plans de finance qui reçurent son approbation.

L'Écossais Law ayant séduit le régent par son système, les avis de Duverney furent méprisés. Il eut cependant le courage de présenter un nouveau mémoire pour prouver qu'en moins de dix-huit mois la dette serait augmentée de 8 pour 1. Le prince communiqua le mémoire à Law, et celui-ci, furieux d'avoir été démasqué, fit exiler les frères Paris dans le Dauphiné. La chute du système, qu'ils avaient prédite, termina leur exil ; on se hâta de les rappeler pour les consulter sur les mesures les plus propres à réparer le mal qu'ils n'avaient pu empêcher.

Duverney conseilla d'assurer le paiement des dettes réelles, et de recourir au visa à l'égard de tous les papiers du système dont l'État ne pouvait être garant pour leur valeur fictive ; il fut chargé avec ses frères de l'exécution de cette mesure, et ils s'acquittèrent, dit Voltaire, avec un talent prodigieux de cette opération de finance et de justice, la plus grande et la plus difficile qui ait jamais été faite chez aucun peuple.

Des services si importants méritaient des récompenses extraordinaires. Les frères Paris reçurent des lettres de noblesse, mais leur fortune rapide avait soulevé bien des passions contre eux. Après la mort du régent, Duverney continua de jouir de la confiance du duc de Bourbon, qui remplissait les fonctions de premier ministre. Quels ques services qu'il avait eu occasion de rendre à la marquise de Prie l'avaient mis en crédit près de cette favorite du prince : elle consentit à l'appuyer dans son projet d'éloigner de la cour le cardinal de Fleury, et de mettre le jeune roi dans la dépendance de son amant en lui faisant épouser mademoiselle de Vermandois. La découverte de cette intrigue indisposa contre lui le cardinal. Duverney fut accusé d'avoir conseillé l'établissement d'impôts qui déplaisaient moins en eux-mêmes que par leur nouveauté, et les frères Paris furent éloignés de la cour ; ils furent exilés en quatre endroits différents.

Duverney se retira dans un village près de Langres, chez un ami qui avait eu assez de courage pour lui offrir une retraite dans le malheur ; mais au bout de quelques jours, il fut arrêté dans cet asile et conduit comme un criminel à la Bastille, d'où il ne sortit qu'en 1728.

Malgré un arrêt solennel qui le déclara innocent de toutes les préventions que ses ennemis avaient élevées contre lui, il fut renvoyé en exil, où il passa quelque temps occupé de mûrir et de développer divers plans qu'il avait conçus dans l'intérêt de l'Etat. Le ministre sentit enfin la nécessité de rappeler un homme si digne de toute sa confiance, et depuis 1730 il ne cessa d'être consulté sur les opérations de finances les plus délicates.

Ce fut lui qui fit adopter, en 1751, le projet de l'Ecole-Militaire, et il en fut nommé le premier intendant, avec le titre de conseiller d'Etat. L'activité qu'il avait conservée dans un âge avancé ne lui permettait pas de jouir tranquillement de sa fortune; il prenait part à toutes les grandes entreprises de commerce, et se plaisait à aider de ses conseils et de son crédit les négociants qui lui en paraissaient dignes. Duverney mourut sans enfants, le 17 juillet 1770, et institua son légataire universel le comte de La Blache, devenu fameux par son procès contre Beaumarchais, qui réclamait de lui une somme de 15,000 fr., d'après un compte réglé avec Duverney, peu de mois avant sa mort.

Jean Paris de Montmartel, frère cadet de Duverney dont il partagea les travaux, acquit aussi une immense fortune. Son fils, le marquis de Brumoy, n'est connu que par ses dépenses folles et excessives, et par son goût singulier pour les cérémonies religieuses. Ayant employé 500,000 fr. pour une procession, ses parents demandèrent et obtinrent son interdiction, après des débats qui retentirent dans toute la France. On sait que Brumoy était la maison de campagne de notre immortel tragique, le grand Talma.

PÉRON (François).

Péron (François,) naturaliste et voyageur, naquit le 22 mai 1775 à Cérilli, dans le Bourbonnais. La mort de son père l'ayant laissé sans fortune, ses parents etaient d'avis de lui faire apprendre un métier lucratif. Peron, qui annonçait déjà le goût le plus vif pour l'étude, obtint d'être placé chez un curé capable de lui enseigner quelque peu de latin et de philosophie.

La révolution ne tarda pas à éclater, et Péron, exalté par les traits d'héroïsme de l'histoire ancienne, voulut suivre la carrière militaire et s'enrôla dans le bataillon de l'Allier en 1792. Il fut envoyé à l'armée du Rhin, et de là à Landau, alors assiégé, et dont la garnison fit des prodiges de valeur. Après la levée du siége il rejoignit l'armée, qui combattit les Prussiens à Weissembourg, et qui éprouva ensuite un échec à Kaiserslautern. A cette affaire Péron fut blessé, fait prisonnier, et conduit d'abord à Wesel, puis à Magdebourg. Cette captivité ne fut pas inutile à son instruction, dit un biographe moderne. Il avait toujours donné à la lecture le temps que n'exigeait pas son service : n'ayant plus d'occupation, il employa l'argent qu'il avait heureusement conservé à se procurer des livres; il inspira de l'intérêt à plusieurs personnes qui lui en prêtèrent, et il se livra sans distraction à l'étude des historiens et des voyageurs. A la fin de 1794, ayant été échangé, il obtint un congé de réforme, parce que à la suite de ses blessures il avait perdu l'œil droit. De retour dans ses foyers, il donna quelques mois à la tendresse de sa mère et de ses sœurs, et, désirant prendre un état dans lequel il pût réussir par son application, il obtint du ministre de l'intérieur une place à l'École de médecine de Paris; il en suivit les cours pendant trois ans, ainsi que ceux du Muséum d'histoire naturelle. Ses progrès rapides étonnèrent ses condisciples, et il allait être reçu docteur lorsqu'une passion contraire lui fit prendre la détermination de voyager. Le gouvernement français avait ordonné une expédition pour les terres australes; Péron demanda à y être employé. Le nombre des savants était complet, il ne put d'abord se faire accueillir. Il pria M. de Jussieu, l'un des commissaires chargés du choix des naturalistes, de solliciter pour lui.

Ce savant botaniste, qui ne put l'écouter sans une vive émotion, lui conseilla de faire un mémoire dans lequel ses motifs seraient exposés, et ensuite, de concert avec M. de Lacépède, il détermina les commissaires à ne pas repousser un jeune homme dont les connaissances étaient grandes pour son âge. Quelques jours après, Péron lut à l'Institut un mémoire sur l'utilité de joindre aux autres savants de l'expédition un médecin naturaliste, spécialement chargé de faire des recherches sur l'anthropologie ou l'histoire de l'homme : il réunit tous les suffrages, et on obtint du ministre sa nomination à une place de zoologiste.

Le 19 octobre 1800, les deux frégates *le Géographe* et *le Naturaliste* mettent à la voile du Havre. Péron se lie avec ceux que l'amour des sciences a portés à courir les mêmes dangers, notamment avec M. Freycinet, officier de marine, et Lesueur, qui devint son collaborateur et son ami.

Du jour même de son arrivée à bord du *Géographe*, il

commença des opérations météorologiques qu'il répétait constamment de six heures en six heures, et qui ne furent jamais interrompues pendant la durée du voyage. Peu de temps après, il fit sur la température de l'Océan une belle expérience qui démontre que les eaux sont plus froides dans le fond qu'à la surface, et qu'elles le sont d'autant plus qu'on descend à une plus grande profondeur : résultat qui conduit à des résultats importants pour la physique générale. Après avoir atteint à l'Ile-de-France et relâché à divers points de la Nouvelle-Hollande, on se rendit à Timor.

C'est principalement au séjour de Péron dans cette île, si peu connue du naturaliste, où la mer est peu profonde, et où la chaleur du soleil multiplie à l'infini les mollusques et les zoophytes, et les peint des plus vives couleurs, que l'on doit son travail sur ces êtres singuliers.

Curieux de faire des observations d'un autre genre, il passa plusieurs jours dans l'intérieur des terres pour étudier les naturels du pays. « Quoiqu'il n'entendît pas » la langue malaie, dit M. Deleuze, il avait dans le geste » une telle expression, et tant de sagacité à saisir ce » qu'on voulait lui dire, qu'il parvenait à se faire enten» dre des naturels, et qu'il eut encore les mêmes avantages » avec les sauvages de la Nouvelle-Hollande et avec ceux » de la terre de Diémen. » Après avoir reconnu la partie orientale de cette terre, on entra dans le détroit de Bass et l'on gagna Port-Jackson; on suivit de nouveau les côtes de la Nouvelle-Hollande et l'on en fit le tour. Péron déploya un courage et une activité inconcevables. Peu de temps après le départ de Timor, le capitaine lui ayant refusé des liqueurs spiritueuses pour conserver ses mollusques, il se priva, pendant tout le voyage, de sa ration d'arack, et, ce qui est plus remarquable, il fit partager son enthousiasme à plusieurs de ses amis, qui consentirent à faire le même sacrifice.

Pendant les tempêtes, aidant aux manœuvres comme un simple matelot, il faisait ses observations aussi paisiblement que s'il eût été sur le rivage. Après une nouvelle relâche à l'Ile-de-France et au Cap, il débarqua enfin, le 7 avril 1804, à Lorient, d'où il se rendit à Paris, et il fut chargé de publier, conjointement avec Freycinet, la relation du voyage et la description des objets nouveaux en histoire naturelle, avec son ami M. Lesueur. La collection d'animaux avait été déposée au Muséum d'histoire naturelle. Nous lisons dans le rapport de la commission qui l'examina, que le nombre des espèces nouvelles s'élève à plus de deux mille cinq cents. M. Péron, dit l'immortel Cuvier, dont la France et le monde entier pleurent encore la perte, a fait connaître plus d'animaux que tous les naturalistes des derniers temps, etc.

Péron, que l'Institut s'empressa de mettre au nombre de ses correspondants, se livrait au travail avec une ardeur extrême. Atteint d'une maladie de poitrine, il voulut aller finir ses jours dans le lieu de sa naissance, auprès de deux sœurs qui avaient été les premiers objets de sa tendresse, et ce fut dans leurs bras qu'il expira, le 14 décembre 1810.

RAMUS.

Ramus (Pierre la Ramée, plus connu sous le nom latin de Ramus) naquit à Cuthe, petit village du Vermandois, qui, s'il faut en croire la plupart des biographes, fut détruit dans les dernières guerres religieuses qui désolèrent la France.

Un auteur contemporain conjecture avec beaucoup de vraisemblance que le réformateur de la philosophie naquit en 1502. Le même historien ajoute que son aïeul était un gentilhomme du pays de Liége, qui, ruiné par les guerres, se réfugia dans la Picardie, où il vécut avec sa famille d'une exploitation de charbon. Son père, trop pauvre pour lui donner aucune éducation, l'employa d'abord à faire paître des troupeaux; mais cet enfant, tourmenté par le désir d'apprendre, s'enfuit vers l'âge de huit ans à Paris, d'où la misère l'éloigna bientôt. Un second voyage ne fut pas plus heureux; enfin un de ses oncles se chargea de payer quelques mois de sa pension dans une ecole, et afin de continuer ses études, Ramus entra comme domestique au collége de Navarre, où il fit, presque sans maîtres, de grands progrès dans les langues et la littérature anciennes.

Après avoir terminé ses humanités et sa rhétorique, il fréquenta les cours de philosophie ; mais il ne tarda pas à s'apercevoir que la science qu'on décorait de ce nom n'était qu'un vain cliquetis de mots. La lecture et la méditation de l'immortel Platon, en l'initiant à la divine doctrine de Socrate, acheva de l'éclairer sur le vice de l'enseignement, et il se permit de l'attaquer dans toutes les occasions. Quand il eut fini son cours, il se présenta pour prendre le degré de maître ès-arts, et s'engagea envers ses juges à montrer qu'Aristote n'était pas infaillible.

On accourut en foule pour jouir de la confusion du jeune audacieux ; mais Ramus obtint un triomphe complet, et réduisit tous ses adversaires au silence.

Encouragé par ce premier succès, il résolut d'examiner à fond la doctrine d'Aristote, et en particulier sa logique. Il rapporta tout à ce but : ses lectures, ses études, et même les leçons d'éloquence qu'il commençait à donner au collége de l'*Ave-Maria*.

Ramus fit paraître en 1543 une nouvelle *Logique* et des remarques sur celle d'Aristote. Ces deux ouvrages soulevèrent contre lui les partisans de la routine, et excitèrent de grands troubles dans les écoles ; il fut peint dans certains discours comme un impie et un séditieux qui, par ses attaques contre Aristote, préludait au renversement du trône et de l'autel.

Le parlement informa, mais le roi évoqua l'affaire, et ordonna que Govea et Ramus choisiraient deux arbitres qui feraient à la fois les fonctions de défenseurs et de juges, et, après avoir entendu les deux parties, prononceraient sur cette querelle. Ramus se soumit à comparaître devant ce singulier tribunal, et réfuta victorieusement tous les reproches de Govea. Mais après un si grand éclat on ne pouvait pas l'absoudre : les juges, sous prétexte de quelques défauts de forme, lui proposèrent de recommencer la discussion ; Ramus ne voulut pas y consentir, et quitta la salle sur-le-champ avec ses deux arbitres. Ainsi les adversaires déclarés de Ramus devinrent seuls ses juges, et ce fut sur leur rapport que le roi rendit un arrêt qui le déclare téméraire, arrogant et impudent d'avoir réprouvé l'art de logique reçu de toutes les nations, supprime ses ouvrages, comme contenant des choses fausses et étranges, et lui défend d'écrire ou de parler contre Aristote, sous peine de punition corporelle.

Cette ridicule sentence fut reçue dans les colléges de Paris avec des transports de joie incroyables, et Ramus, qu'un arrêt forçait au silence, se vit insulté publiquement par ses ennemis. Supérieur à cette disgrâce, il profita de ses loisirs pour se perfectionner dans la connaissance de mathematiques, et prépara une édition des *Eléments d'Euclide*, qu'il dédia au cardinal de Lorraine.

Quelques mois après, la peste ayant éloigné de Paris un grand nombre d'écoliers, on lui conseilla de donner des leçons de rhétorique au collége de Presle, et ses talents y ramenèrent bientôt des auditeurs. La Sorbonne voulut l'expulser de ce collége, dont il venait d'être nommé principal, mais le parlement le maintint dans l'exercice de cette charge. En 1545, le cardinal de Lorraine fit annuler par le roi Henri II la sentence qui défendait à Ramus d'enseigner la philosophie, et aussitôt il ouvrit un cours de mathématiques, science à laquelle il sentait la nécessité de donner une plus grande part dans les études. Ses ennemis prétendirent qu'il n'était pas convenable que le même professeur enseignât les principes de calcul et les règles de l'éloquence, et voulurent l'obliger d'opter entre deux sciences incompatibles.

Le roi mit fin à cette ridicule querelle en le nommant professeur d'éloquence et de mathématiques au Collége de France.

Le célèbre professeur voulut essayer quelques améliorations dans l'enseignement, et dressa un plan d'étude pour ses auditeurs. Les huées et les sifflets l'interrompirent dans son début; mais il attendit avec sang-froid le retour du calme et acheva son discours. Les intrigues de ses adversaires ne purent l'empêcher de poursuivre le projet qu'il avait conçu pour le perfectionnement des études.

Après avoir publié un grand nombre d'ouvrages, il présenta, en 1562, au roi Charles IX un plan pour la réforme de l'Université, dans lequel on est forcé de reconnaître un homme d'un esprit supérieur à son siècle, et incapable de transiger avec les abus qu'il signale en indiquant les moyens de les corriger. Depuis longtemps Ramus, indigné de l'immoralité du clergé catholique et des abus qui rongeaient un peuple abruti, souriait à l'espoir d'un avenir meilleur, et n'était pas éloigné de partager en secret les opinions des novateurs.

Après l'édit qui permettait aux protestants le libre exercice de leur culte, il enleva de la chapelle de Presle les images des saints. Cette imprudence arma contre lui la plupart de ses collègues, qui demandèrent à grands cris son expulsion de l'Université.

Charles IX lui fit offrir un asile à Fontainebleau; mais dans ces temps malheureux la protection royale était insuffisante pour le soustraire à la fureur de ses ennemis. Pendant son absence, on pilla ses meubles et la riche bibliothèque qu'il s'était formée. Il revint cependant à Paris, reprit possession de sa chaire, et s'y maintint malgré les cabales de ses ennemis. Jean Dampestre, son ennemi, avait eu, en 1565, le crédit de se faire nommer professeur de mathématiques; mais Ramus, l'ayant convaincu d'incapacité, l'obligea de se démettre de sa charge; les troubles religieux recommencèrent, et Ramus se réfugia dans le camp du prince de Condé.

Après la bataille de Saint-Denis, qui avait été suivie d'une paix avec les protestants, il fut rétabli une troisième fois dans sa chaire; mais prévoyant les tempêtes qui allaient fondre sur la France, il demanda l'autorisation de voyager dans les pays étrangers. Sous prétexte de santé, il visita l'Allemagne, et, accueilli partout avec les égards que commande le talent, sollicité d'accepter une chaire, il ne voulut prendre aucun engagement qui pourrait le tenir éloigné de la France, et consentit seulement à donner quelques leçons de mathématiques à l'université de Heidelberg. Ce fut pendant son séjour en cette ville qu'il fit profession de la religion réformée. Il ne partageait pas cependant toutes les opinions de Calvin : il aurait voulu surtout que le peuple eût une part plus large dans les bienfaits de la réforme.

L'amour de la patrie le ramena bientôt en France. Vainement lui proposa-t-on de se rendre à Varsovie pour entraîner les suffrages de la Diète en faveur du duc d'Anjou ; il refusa avec noblesse une pareille mission, en disant que l'éloquence ne devait pas être mercenaire.

Ce célèbre professeur avait trop d'ennemis pour échapper aux massacres de la Saint-Barthélemy. Dans cette nuit sanglante, des assassins, l'ayant découvert au collége de Presles, l'égorgèrent après avoir touché le prix de sa rançon, et jetèrent par la fenêtre son cadavre, que les écoliers traînèrent ignominieusement dans les rues et souillèrent de mille manières. Tous les historiens contemporains accusent son ennemi, le professeur Charpentier, d'avoir conduit lui-même les assassins chez son rival, auquel il ne pouvait pardonner ses reproches d'incapacité.

Telle fut la fin déplorable de cet homme distingué par ses talents et ses qualités morales. Il avait des connaissances très-étendues, beaucoup de jugement et d'éloquence, et il contribua, par ses exemples et ses écrits, au progrès des lumières et de la saine philosophie. Un des plus grands services qu'il ait rendus, c'est d'avoir détruit le culte superstitieux que vouaient aux anciens des hommes incapables de les apprécier. « J'admire les anciens plus que vous, parce que je les connais mieux, disait Ramus à un de ses adversaires ; mais qu'Aristote, Cicéron et Quintilien soient tout ce qu'on voudra, il ne s'ensuit pas que l'on doive se mettre à genoux devant eux. »

Laborieux, sobre et chaste, Ramus était d'un désintéressement admirable, partageant sa modique fortune avec ses amis et ses élèves.

RESTIF DE LA BRETONNE.

Restif de la Bretonne naquit à Sacy, près de la ville d'Auxerre, dans le département de l'Yonne, le 22 novembre 1734, de bons et honnêtes cultivateurs qui ne se doutaient guère qu'il serait un des plus hardis réformateurs du XVIIIe siècle. La faiblesse de sa santé le rendant peu propre aux travaux des champs, il fut envoyé à l'école; mais plus tard il n'eut guère d'autre maître que son frère aîné, curé de Courgu, respectable ecclésiastique qui lui donna des leçons de français et de latin.

Restif montrait un grand désir d'apprendre, et dévorait indifféremment tous les livres qui lui tombaient entre les mains. A dix ans il composait déjà de petist romans qu'écoutait avec beaucoup d'intérêt son auditoire, formé de domestiques et de ses camarades d'école.

Son tempérament ardent se développa de bonne heure, et il avait à peine quinze ans, que son frère fut obligé de l'éloigner, pour mettre fin à des intrigues qui pouvaient avoir des suites fâcheuses. Placé comme apprenti chez un imprimeur d'Auxerre, il séduisit la femme de son maître, et fut chassé. Il n'osa pas retourner dans sa famille, et prit le chemin de Paris, emportant pour toutes ressources le plan de quelques ouvrages qui devaient, d'après lui, produire des sommes énormes. La misère à laquelle il se trouva bientôt réduit l'obligea de former des liaisons et des habitudes avilissantes, qui n'ont eu que trop d'influence sur ses compositions. Le succès de ses premières productions faillit lui faire tourner la tête. Se regardant comme un génie supérieur, il quitta l'imprimerie dans laquelle il était employé, pour se livrer tout entier à la littérature.

Admirateur enthousiaste de J.-J. Rousseau, dont il affectait toutes les singularités, il l'accusa pourtant d'avoir perdu l'éducation en France, par le relâchement de l'autorité paternelle, et il eut la vanité d'opposer à l'*Emile* les *Lettres d'une fille à son père*, déclarant que c'était un ouvrage qui passerait à la postérité. A cette époque, tout le monde proposait des plans de gouvernement. Restif crut avec raison que la réforme des mœurs devait précéder celle des institutions; il publia donc, sous le titre d'*Idées singulières*, ses vues sur les maisons de débauche, les théâtres, l'éducation des femmes et des hommes, et sur les lois. Ces ouvrages, qui ne sont plus lus, et qui ne méritent guère de l'être à cause du style qui, comme l'a dit Boileau de Regnier, *sentaient les lieux que fréquentait l'auteur*, renferment cependant des observations pleines de justesse et des aperçus neufs.

Restif, si passionné pour le bien public, ne remplissait pas, dit-on, très-scrupuleusement ses devoirs de père et d'époux.

Après vingt-cinq ans d'une union mal assortie, il se sépara de sa femme, et joignit à ce scandale celui de mettre le public dans la confidence des reproches qu'il croyait avoir à lui faire.

Quoique arrivé depuis longtemps à l'âge mûr, il ne fréquentait que les tavernes, les petits spectacles, pour y trouver des sujets de composition, qu'il traitait avec une inconcevable rapidité. Il était inexorable contre le vice des femmes, et plusieurs duchesses moururent de chagrin d'avoir vu révéler des fautes qu'elles croyaient cachées et qu'elles avaient expiées par un long repentir et une vie à l'abri de tout reproche.

Cependant on doit convenir que Restif avait un but utile, et qu'en peignant les désordres qui sont la suite des mauvaises mœurs, il se proposait de les corriger, et qu'enfin il dut être persuadé le premier que ses livres ne renfermaient rien de répréhensible, puisqu'il ne les publia qu'avec l'autorisation de la police. Restif, dont les écrits reproduisent beaucoup des idées qui ont amené la révolution, en vit les commencements avec peine. Deux banqueroutes, qui le privèrent du fruit de toutes ses economies, et la contrefaçon que firent de ses ouvrages d'avides imprimeurs affranchis de toute surveillance, lui rendirent odieux un ordre de choses où étaient tolérés les abus dont il se trouvait victime. Il reçut en 1795, par un décret de la Convention, un secours de deux mille livres, comme auteur de plusieurs écrits de morale. Quelque temps après, il obtint un emploi subalterne dans une administration.

Il mourut presque inconnu dans Paris, l'un des premiers jours de février 1806. Restif est sans contredit le plus fécond de tous nos romanciers; il a publié plus de deux cents volumes. C'était un homme d'une organisation singulière, et sa conduite comme ses écrits offrent un mélange continuel de folie et de sagesse, de sottise et de raison. On ne peut lui refuser de l'esprit et du talent, mais il n'en fit pas toujours un bon usage.

ROLAND (Philippe-Laurent), sculpteur.

Dès son enfance, le jeune Roland exécutait de petits ouvrages en bois qui révélaient un goût décidé et un talent précoce pour l'art dans lequel il s'illustra depuis. Il était né à Marcq, près de Lille, en 1746. Les dispositions qu'il montrait avant l'âge de quinze ans firent croire qu'il était en état d'aller à Paris, et d'y gagner par son talent de quoi fournir à ses besoins. Il fut adressé et recommandé à Pajou, chargé à cette époque des travaux d'ornement du

Palais - Royal et de la salle de spectacle de Versailles. Après avoir examiné son jeune élève, il ne craignit pas de lui confier une partie de ces travaux, et celui-ci s'en acquitta avec le plus grand succès : il prit sur son sommeil le temps nécessaire pour se fortifier dans le dessin et dans la pratique. Pajou se servit souvent de lui pour dégrossir le marbre de ses figures. Roland déploya dans ce travail, tout de pratique, une rare intelligence; et il y puisa cette facilité de travailler le marbre, qui le dispensa dans la suite de s'assujettir à la même nécessité que son maître. Cette occupation d'ailleurs lui procura l'argent nécessaire pour satisfaire son désir de faire le voyage d'Italie.

Jusqu'alors il n'avait jamais pu suivre assidûment les leçons des écoles publiques, ni obtenir par conséquent les moyens d'aller à Rome aux frais du gouvernement. Ses économies lui procurèrent de quoi faire ce voyage et résider pendant cinq ans dans cette capitale. La vue des chefs - d'œuvre qu'elle renferme acheva d'opérer en lui une révolution que l'étude avait déjà commencée ; et ce qui est d'autant plus glorieux pour lui, c'est que tout ce qui l'entourait à cette époque suivait un système opposé.

A son retour à Paris, ses progrès furent appréciés par son ancien maître ; Pajou le produisit et lui accorda une amitié qui ne fit que s'accroître avec le temps. Il le détermina à se présenter à l'Académie, et Roland, d'après ses conseils, fut agréé en 1779, sur une statue de *Caton d'Utique*, pour laquelle il fit des études heureusement plus grandes que nature, car ce n'est qu'ainsi qu'il put convaincre ses juges que ce n'étaient pas des empreintes prises sur un modèle vivant.

En 1781, il fut reçu membre de l'Académie, sur une figure de *Santson*, dont le caractère, exact, ferme et sévère, fit connaître dès lors le genre de son talent. C'est à cette époque qu'il fut chargé par M. d'Angevilliers de la statue du grand *Condé*, dans laquelle on sut gré à l'artiste de l'action de son héros. Il sut imiter, sans les copier, les cariatides de Jean Goujon, dans celles qu'il exécuta pour la façade du théâtre Feydeau ; il fit voir aussi qu'il ne réussissait pas moins dans le genre gracieux, par un bas-relief représentant les *neuf Muses*, qu'il sculpta pour les appartements de la reine à Fontainebleau. La révolution arriva, et Roland exécuta, en 1792, le modèle colossal en plâtre d'une statue allégorique de *la Loi*, qui fut placée sous le péristyle du Panthéon, au-dessous du bas-relief analogue, qui ne faisait pas moins d'honneur à son ciseau.

Lors de la création de l'Institut, il fut nommé membre de la classe des beaux-arts. En 1799, il exposa un ouvrage, qui était tout à la fois la preuve d'un grand talent et la marque d'un cœur reconnaissant : c'était le buste en marbre de Pajou, son maître et son ami. Ce buste obtint alors un prix de première classe. Bientôt après il fut chargé d'une partie des sculptures intérieures du palais du Luxembourg et des Tuileries. Il y travailla pendant cinq années. Ses conceptions étaient nettes, sa manière franche et son travail facile. Chargé par l'Institut d'exécuter en marbre la statue du chef du gouvernement, qui devait être placée dans la salle des séances publiques de ce corps savant, il sut vaincre heuréusement les difficultés de son sujet, et son ouvrage fut regardé comme une des productions les plus distinguées de l'époque. Il en fut de même de la statue de *Tronchet*, qui offrait encore de grandes difficultés. Le bas-relief de la cour du Louvre, dont l'exécution lui fut confiée, offrait un voisinage bien dangereux : il avait à soutenir le parallèle avec Paul Pouzio et Jean Goujon. Sans imiter ces grands artistes, il produisit un ouvrage d'un caractère propre. Dans les compartiments d'un cadre fort étroit, il fallait faire entrer deux grandes figures de *Victoires*, avec un *Ecusson*, un *Hercule*, une *Minerve* et des *Fleuves* : il sut triompher de cette gêne, et si ses figures offrent moins de verve et de mouvement que celles du sculpteur florentin, elles sont plus sages, mieux pensées et plus correctes. C'est à lui qu'est due également la statue en pierre de *Minerve*, qui est placée au-devant du péristyle de la Chambre des Députés. On lui doit en outre une charmante figure de *Bacchante*, en bronze. Mais son chef-d'œuvre est la statue d'*Homère chantant sur sa lyre*, dont le modèle, exposé en 1802, ne fut exécuté en marbre que dix ans après. Dans cet ouvrage, l'un des plus beaux de l'Ecole française, l'artiste, inspiré par la nature et par l'antique, n'est point resté au-dessous de son sujet, et a su exprimer avec un rare bonheur l'enthousiasme du génie et la vigueur d'une verte vieillesse exempte d'infirmités. Cette belle statue a été placée dans les pièces du rez-de-chaussée du Louvre, qui forment l'aile droite du pavillon de l'Horloge, au milieu des productions les plus remarquables de l'Ecole française depuis François Ier jusqu'à nos jours. C'est par ce chef-d'œuvre que Roland a pour ainsi dire terminé sa carrière.

Cependant, en 1815, le roi ayant rendu une ordonnance pour l'érection de douze statues en marbre sur le pont de la Concorde, Roland y fut désigné comme un des artistes chargés de concourir à ces travaux; et le grand *Condé*, qui l'avait d'abord fait connaître, devait être l'objet de ses derniers travaux. Mais il n'eut que le temps de faire l'esquisse de sa statue; il fut frappé dans son atelier même d'une attaque d'apoplexie, à laquelle il succomba au bout de cinq jours, le 11 juillet 1816.

ROUSSEAU (Jean-Baptiste).

Rousseau (Jean-Baptiste) naquit à Paris le 6 avril 1671. Son père, cordonnier de cette ville, crut que le mettre à même de suivre une carrière moins modeste que la sienne, ce serait augmenter pour lui les chances du bonheur, et il accepta la gêne en échange de l'éducation de son petit Jean, qui entra au collége comme le fils d'un président à mortier; mais les économies de l'obscur artisan, destinées à faire un homme plus heureux, firent tout bonnement un poëte illustre

> Qui fut trente ans digne d'envie
> Et trente ans digne de pitié.

Du reste, nous doutons que le tranchet et le tire-pied eussent procuré à Rousseau une plus douce vie que la plume, car notre destinée est surtout dans notre caractère, et le sien, naturellement inquiet, capricieux, indiscret, envieux et malveillant, semblait repousser le bonheur.

La réputation de Rousseau commença dès le collége : quelques petites pièces de vers échappées aux rêveries de l'écolier pénétrèrent dans le monde, où elles obtinrent un brillant succès, et où l'auteur, avant d'avoir atteint sa vingtième année, fut accueilli avec le même empressement. Bientôt des poésies d'une plus haute portée vinrent fixer son rang parmi l'élite des gens de lettres. Ce fut alors que commença le bon temps de sa vie. Recherché, protégé, pensionné, il fut véritablement *digne d'envie* jusqu'en 1708.

Dans le courant de cette année eut lieu la première représentation de l'opéra d'*Hésione*. Le mauvais esprit, le mauvais génie de Rousseau lui inspira cinq couplets, sur un air du prologue de cet opéra, contre les auteurs des paroles, de la musique et du ballet. Cette boutade anonyme, qui n'avait aucune importance, n'aurait eu aucune suite, si en quelques jours elle ne se fût grossie d'un grand nombre d'autres couplets, où beaucoup de personnes honorables étaient calomniées avec un cynisme infâme. De tous côtés s'élevèrent des cris d'indignation; une plainte fut portée devant les tribunaux, et la voix publique accusa Rousseau, dont on croyait reconnaître le style, dont on connaissait d'ailleurs la méchanceté, et qui se trouvait précisément être l'ennemi des victimes de cette ignoble satire. Il paraît en effet certain que les cinq premiers couplets étaient de lui; quant au reste, sa culpabilité n'a jamais été démontrée. De simples dénégations lui eussent donc suffi pour rendre sa condamnation impossible; mais l'âcreté de son humeur ne lui permit pas de se renfermer dans un système aussi prudent; il ne se borna point à se défendre, il attaqua : il tenta de prouver par témoins que le géomètre Saurin était l'auteur des couplets incriminés, et ce qui demeura prouvé, c'est que le poëte Rousseau était un suborneur de témoins. Il fut à ce titre, le 7 avril 1712, banni du royaume à perpétuité.

Il trouva dans l'exil de nouveaux protecteurs, mais il ne sut point les conserver : son vilain caractère ne tardait pas à lui enlever ceux que son beau talent lui avait acquis; car, avec les grands, la vie de Rousseau se passa dans un certain jeu de scène bien connu : si en face il leur faisait d'humbles salamalecs, il leur faisait les cornes par derrière; mais tôt ou tard l'interlocuteur se retournait, et Pasquin était chassé. On cite le prince Eugène et le duc d'Aremberg, parmi ceux de ses bienfaiteurs dont sa basse ingratitude lui fit perdre les bonnes grâces. Un reproche bien plus grave, un reproche terrible est adressé à Rousseau : on l'accuse d'avoir rougi de son père, de l'avoir renié, d'avoir maltraité ce pauvre vieillard qui avait sacrifié son bien-être actuel au bien-être futur d'un enfant trop chéri. Toutefois le fait n'est point incontestable : ne nous empressons donc pas de l'admettre; hésitons à charger d'un crime sa mémoire, sur laquelle pèsent déjà tant de fautes. Disons plutôt, à son honneur, qu'au bout de quelques années le grand prieur de Vendôme et le baron de Breteuil ayant obtenu pour lui des lettres de rappel, il refusa d'en user, et saisit cette occasion pour solliciter la révision de son procès, déclarant qu'il ne voulait point rentrer dans sa patrie gracié, mais absous. Sa demande fut rejetée, et il resta en exil. Cette circonstance, jointe à d'énergiques protestations qu'il fit au lit de mort, donnerait à penser que son exil, le grand événement, le grand malheur de sa vie, fut peut-être une grande injustice. Quoi qu'il en soit, il mourut à Bruxelles, *digne de pitié*, le 17 mars 1741.

Les *OEuvres complètes* de Jean-Baptiste Rousseau se composent ainsi qu'il suit :

1° Quatre livres d'*Odes*, dont un d'*Odes sacrées*, tirées des Psaumes ;

2° Deux livres d'*Epîtres* en vers ;

3° Des *Cantates*, genre de poëme dont il est le créateur ;

4° Des *Allégories* ;

5° Des *Épigrammes* ;

6° Un livre de *Poésies diverses* ;

7° Quatre *Comédies* en vers : *le Flatteur, les Aïeux chimériques, le Capricieux, la Dupe de soi-même;*

8° Trois *Comédies* en prose : *le Café, la Ceinture magique, la Mandragore;*

9° Un Recueil de Lettres en prose.

Longtemps on a trop prôné cet auteur, on le déprécie trop aujourd'hui. L'admiration se lasse vite, et la malveillance est fille de l'engouement.

SATURNIN.

Saturnin, fils d'un paysan gaulois, embrassa de bonne heure la carrière des armes. Son génie et son rare courage l'eurent bientôt poussé aux premières charges de l'Etat. Aurélien le regardait comme le plus expérimenté de ses généraux. Il pacifia les Gaules, délivra l'Afrique du joug des Maures, et rétablit la paix en Égypte.

Le peuple d'Alexandrie le salua empereur en 280, la quatrième année du règne de Probus. Il refusa d'abord la pourpre impériale, mais il fut forcé de l'accepter. Probus fit marcher contre lui un corps de troupes qui l'assiégea dans le château d'Apamée, où il fut forcé et tué peu de temps après son élection.

Aux talents du capitaine, Saturnin joignit ceux de l'orateur et de l'homme d'État. L'histoire le comptera toujours au premier rang des braves Gaulois qui avaient le malheur de servir les oppresseurs de leur patrie; mais les temps marqués par la divine Providence n'étaient pas encore arrivés, où les légions romaines devaient être détruites par le courage de nos pères.

SERRES.

Serres (Olivier de), célèbre agronome, naquit près Viviers en 1539, et fut élevé au sein des discordes civiles, pendant lesquelles on pilla ses propriétés et on rasa sa petite maison, qu'il fit rebâtir et qu'un incendie détruisit de nouveau. Il se consola par l'étude des travaux champêtres. Henri IV, qui avait conçu une grande estime pour l'auteur et ses ouvrages, désira s'entretenir avec lui et le fit venir à Paris. Il le chargea de diverses améliorations pour ses domaines, et entre autres d'une plantation de mûriers blancs dans le jardin des Tuileries. Serres est le premier qui ait introduit en France la culture de cet arbre utile, et annonça qu'on pouvait faire de belles étoffes avec l'écorce des arbres qu'on en retranche à la taille. Il devint bientôt l'oracle des cultivateurs qui le surnommèrent le père de l'agriculture; mais ceux qui dans le dernier temps l'ont copié n'ont pas eu la pudeur de faire mention de lui. Il mourut en 1619, à l'âge de quatre-vingts ans, après avoir été témoin de l'heureuse révolution qu'il avait provoquée dans l'agriculture.

Ses ouvrages, malgréleur style un peu suranné, se lisent encore avec plaisir et avec fruit, parce qu'aucun n'est privé de simplicité et d'idées neuves et profitables. Dans son ouvrage de *l'Agriculture et ménage des champs*, il traite des terres, des labours, des engrais, des récoltes, des grains, des vignes et des vins, des animaux domestiques, des abeilles, des vers à soie, des jardins, des prés et de tous les objets importants de l'économie rurale. Ce savant agronome ne s'écarte jamais de son sujet, il ne dit que ce qu'il doit dire, il produit ses préceptes en maximes versifiées. En voici quelques-unes :

Si tu te couches tard, tard tu te lèveras,
Tard te mettras en œuvre, aussi tard dîneras.

Qui le temps par trop attendra.
A la fin le temps lui faudra.

Tu paieras promptement le salaire
Qu'auras promis au pauvre mercenaire.

Le maître dès son réveil
Au ménage est un soleil.

On a proposé dans ces dernières années d'élever un monument à la mémoire de ce vertueux et utile citoyen ; nous ignorons si un pareil vœu a reçu son exécution.

CHAPTAL (JEAN-ANTOINE, comte DE CHANTELOUP).

Depuis longtemps les parents du savant Chaptal, honnêtes paysans, cultivaient un domaine assez considérable à Nogaret, près Mende. Cette famille, aisée pour le pays, avait produit des hommes de loi, des médecins et des prêtres. Dans un meuble antique de la maison, à côté de plusieurs volumes de prières, se trouvaient quelques ouvrages de médecine et d'histoire naturelle : pendant les moments de loisir que lui laissaient les travaux de la campagne, le jeune Chaptal s'amusait à feuilleter les estampes; puis il voulut en connaître l'explication; peu à peu il prit du goût pour l'étude, le troupeau était négligé, le travail languissait, car, toujours muni d'un livre, il y faisait de fréquentes excursions, et, laissant errer sa brillante imagination à la perspective de la science, il oubliait complétement la tâche dont il était chargé. Son père se décida à l'envoyer au collége. Il fit ses premières études à Mende, et les termina à Rodez, dont le collége avait une grande réputation. Il eut pour professeur de rhétorique le savant Dumouchel, depuis recteur de l'université de Paris. Sorti de Rodez, Chaptal se rendit à Montpellier, auprès d'un de ses oncles, qui depuis longtemps y exerçait la médecine avec les plus grands succès. Sous ses auspices il se livra à l'étude de la médecine et surtout de l'histoire naturelle. Ses progrès furent éclatants; sa thèse *sur les causes des différences parmi les hommes* eut trois éditions. Quelque temps après, il vint à Paris passer quatre années. Il se lia intimement avec Cabanis, Roucher, Lemierre, Delille, Fontanes, etc. Les sciences étaient presque oubliées : il s'adonnait exclusivement à la littérature et à la philosophie.

Cependant les états du Languedoc créèrent une chaire de chimie, et l'appelèrent à la remplir. Ainsi il fut rappelé auprès de son oncle. Il ne tarda pas à se marier. Les cours furent suivis par une foule d'auditeurs. Pour leur faciliter l'intelligence de cette science toute nouvelle, il publia trois volumes d'*Eléments de chimie*, qui furent traduits dans toutes les langues. Cet ouvrage eut un débit prodigieux dans toute l'Europe ; en France, on en tira successivement quatre éditions.

Les états du Languedoc marquaient une entière confiance à Chaptal : c'était d'après ses conseils qu'ils administraient le commerce, l'agriculture et les arts. En 1787, ils demandèrent pour lui l'ordre de Saint-Michel et des lettres de noblesse, qui lui furent accordés. Chaptal employa 300,000 fr., que lui laissa son oncle, à des établissements qui manquaient à la France. Jamais aucun chimiste n'avait fait une application aussi utile de cette science à l'industrie : il est un des principaux auteurs de la fabrication de l'acide sulfurique, et c'est lui qui a composé le premier alun artificiel que le commerce ait connu. On lui doit aussi l'*art de teindre le coton en rouge d'Andrinople*, et la manière de remplacer la pouzzolane d'Italie, par des terres ocreuses calcinées. Enfin, le midi de la France possède peu d'arts que Chaptal n'ait créés ou perfectionnés.

Lorsque la république vit déployer contre elle toutes les forces de l'Europe coalisée, les procédés ordinaires ne suffisaient pas pour fournir aux besoins de poudre et de salpêtre ; il fallut en créer de nouveaux et des plus expéditifs : Chaptal fut appelé en 1793 par le comité de salut public, et parvint à faire fabriquer à la seule poudrerie de Grenoble trente-cinq milliers de poudre par jour :

et dans l'espace d'un an, les différents établissements de ce genre approvisionnèrent nos arsenaux de vingt-deux millions de salpêtre et de treize millions de poudre. Ce grand développement des ressources d'une nation, le plus étonnant et le plus mémorable que l'on connaisse, fut l'ouvrage de Chaptal.

A la même époque, l'on organisa cette belle Ecole polytechnique, d'où sont sortis tant d'illustres chefs; on y institua des cours sur toutes les branches des sciences, dont l'enseignement fut confié aux premiers savants de l'Europe. Chaptal fut nommé collaborateur de Monge, de Fourcroy, de Guyton de Morveau. Il osa rappeler et honorer la mémoire de l'infortuné Lavoisier, dont la tête venait de tomber sous la hache révolutionnaire. Lorsque les besoins de la nation, en poudres et en salpêtres, furent satisfaits, et que les approvisionnements furent assurés, Chaptal retourna à Montpellier pour y organiser l'école de médecine, où le gouvernement lui avait donné la chaire de chimie. Il continua d'y obtenir les succès qu'il avait eus dans ses cours précédents.

Depuis longtemps la réputation et les ouvrages de Chaptal avaient pénétré dans les pays étrangers : à l'époque de la révolution, le célèbre Washington écrivit trois lettres à ce savant chimiste, pour l'inviter à aller s'établir aux Etats-Unis. Il y avait dans sa seconde lettre cette phrase remarquable : « Comme président du congrès, je ne puis rien promettre au nom de ma nation; comme particulier, je puis vous assurer qu'elle se fera un devoir

dans la paix et la force du juste, le 30 juillet 1832, laissant pour auréole à sa mémoire, des services dont la France gardera l'éternel souvenir.

LARREY (Dominique-Jean, baron).

Il naquit à Beaudeau, près Bagnières-sur-l'Adour, département des Hautes-Pyrénées, en juillet 1766. Son nom, auquel d'immenses services rendus à l'humanité ont donné une illustration presque universelle, fut d'abord connu en France par plusieurs publications littéraires. Sa vie se rattache tout entière à la gloire de nos armées, dont il a su mériter la reconnaissance. Les champs de bataille et les hôpitaux furent, pendant toutes nos guerres. le théâtre de son infatigable activité, et l'école d'un des plus grands talents dans l'art chirurgical dont la France puisse s'honorer. En 1787, il partit de Brest, sur la frégate *la Vigilante*, pour l'Amérique du Nord, en qualité de chirurgien major : c'était sa première campagne. Il avait alors vingt et un ans. Après une navigation pénible et dangereuse, il fut assez heureux pour ramener sain et sauf tout l'équipage à Brest. Rappelé dans cette ville, après avoir concouru, à Paris, pour une place vacante à l'hôpital des Invalides, il obtint la permission de revenir dans la capitale pour un nouveau concours. Cette circonstance l'attacha exclusivement au service de terre. Il fut nommé second chirurgien interne de l'hôpital des Invalides, et sous les auspices du célèbre *Sabatier*, chirurgien en chef, il se livra avec succès à l'étude de toutes les branches de la médecine.

En 1798, ils furent tous deux appelés aux armées. Le maître fut attaché à celle du général Rochambeau, et le disciple, comme chirurgien de première classe, à celle du général Luckner. Le terrible spectacle du champ de bataille frappa vivement l'âme ardente du jeune Larrey, et son imagination s'empara tout à coup de la déplorable fatalité qui privait la patrie de tant de milliers d'hommes mourant de leurs blessures ou même des opérations qu'elles nécessitaient, faute d'être pansés assez promptement. A la prise de Spire, à celle de Mayence, cette vérité se présenta à lui dans toute son horreur. Ce fut alors que le génie de l'humanité lui inspira la création des *ambulances volantes*, qui furent approuvées par le général en chef Custine et le commissaire général Villemauri. Il fut récompensé par le titre de chirurgien principal. C'était gagner bien noblement son avancement sur le champ de bataille. Les ambulances restèrent constamment attachées aux avant-gardes de l'armée, qui étaient commandées par l'illustre général Desaix. De cette époque date l'étroite amitié qui unit ces deux braves; car c'était à la tête de ces ambulances que le chirurgien Larrey courait enlever les blessés sous le feu des batteries ennemies. Ces actions si courageuses étaient appréciées par l'armée, et faisaient partie de sa gloire. L'humanité les avait inspirées, l'héroïsme les exécutait.

Le général en chef Beauharnais, qui remplaça le malheureux général Custine, dans le rapport de la bataille du 22 juillet 1793, rendit compte à la Convention des importants services que le chirurgien Larrey avait rendus dans cette journée. Pendant cette campagne, M. Larrey se livra à des recherches rigoureuses pour reconnaître la véritable cause de la mort qui frappe souvent les soldats, sans laisser à la surface de leur corps aucune trace de lésion. Il éclaira aussi plusieurs points de chirurgie militaire sur lesquels l'expérience n'avait pas encore prononcé. Il reçut, à ce sujet, de l'Académie de chirurgie, un accessit au grand prix.

En 1794, Larrey, âgé seulement de vingt-huit ans, fut nommé chirurgien en chef de la quatorzième armée de la république, destinée à l'expédition de la Corse. Il se rendit à Toulon. Ce fut là qu'il s'attacha à la plus glorieuse carrière militaire dont l'histoire fasse mention, à celle du général de brigade qui commandait l'artillerie de cette armée. L'expédition de Corse échoua. M. Larrey fut appelé à l'armée des Pyrénées-Orientales, où il dirigea le service chirurgical aux siéges de Figuières et de Roses. Après la paix d'Espagne, il fut rappelé à Toulon pour la même expédition de Corse, qui échoua une seconde fois. Il fut chargé alors de l'inspection et de la direction des hôpitaux militaires de Toulon, d'Antibes et de Nice. Il profita de ce moment de repos pour établir à Toulon une école de chirurgie et d'anatomie, où se formèrent un grand nombre d'élèves.

En 1796, il fut nommé professeur à l'*école militaire de Santé* du Val-de-Grâce. Cette école était devenue la rivale de celle de la Faculté de médecine, et ses premiers professeurs, MM. Desgenettes, Gilbert, Larrey, etc., étaient encore envoyés aux armées, pour contribuer, par de nouvelles observations et de nouvelles expériences, à porter la chirurgie de la France au premier rang de cette science en Europe.

Le général Bonaparte se souvint de M. Larrey; il l'appela à son armée d'Italie, pour y organiser des ambulances légères; mais à peine y arrivait-il, que la paix fut proclamée. Néanmoins sa présence ne fut pas inutile; car, indépendamment de l'organisation de ces ambulances, il fut chargé de l'inspection des camps et des hôpitaux, dans la plupart desquels il établit des écoles de chirurgie, telles que celles de Padoue, de Milan, d'Udine. A la même époque, il rendit au pays un service local, dont il fut récompensé plus tard par l'ordre de la Couronne de Fer : il arrêta les progrès d'une épizootie qui ravageait le Frioul vénitien.

En 1798, les docteurs Desgenettes et Larrey furent attachés, comme officiers de santé en chef, à l'armée d'Angleterre, et bientôt après reçurent l'ordre de se rendre à Toulon pour la mystérieuse expédition en Egypte et en Syrie; que les soldats et les savants français ont immortalisée. La relation chirurgicale publiée par M. Larrey à son retour, les mentions honorables qu'ont faites de ses services les trois généraux qui ont commandé l'Egypte, le général Berthier, chef de l'état-major général, les nombreux témoignages du commissaire-ordonnateur en chef, M. Daure, des généraux, des soldats de cette brave armée, celui de M. Fourier dans sa belle préface de l'Egypte, assurent à M. Larrey une gloire qui durera autant que celle de l'armée à laquelle il a si utilement prodigué les secours de son art et l'infatigable activité de ses services, et tant de fois au péril de sa vie. A Saint-Jean-d'Acre, par combien d'efforts presque surnaturels ne sauva-t-il pas les malades de l'armée ! Le général en chef Bonaparte et le chirurgien en chef Larrey se partagèrent ce soin généreux : le général en chef donna tous ses chevaux, sans en excepter un seul, pour le transport des blessés, et marcha à pied à la tête de l'armée ; M. Larrey donna tous ses soins, exposa sa vie, car il fut blessé. Le général en chef lui donna une gratification de 2,000 fr. A la bataille d'Aboukir, an 7, le général Fugière fut opéré, sous le canon de l'ennemi, d'une blessure dangereuse à l'épaule, par M. Larrey, et se croyant au moment de mourir, offrit son épée au général Bonaparte, en lui disant : « Général, un jour peut-être vous envierez mon sort. » Le général en chef fit présent de cette épée à M. Larrey, après y avoir fait graver le nom de ce dernier et celui de la bataille. Cependant le général Fugière ne mourut point ; il fut sauvé par l'habile opération qu'il avait subie, et pendant neuf ans il a commandé les invalides à Avignon. Au siége d'Alexandrie, Larrey trouva le moyen de faire de la chair du cheval une nourriture saine pour les blessés ; il donna lui-même généreusement l'exemple en faisant tuer ses chevaux. Dans l'hôpital de Jaffa, seulement dans l'espace de deux mois, moururent de la contagion quatorze chirurgiens onze pharmaciens, trois médecins, ainsi que tou. es employés et sous-employés. Ainsi le péril, sur cette terre meurtrière, ne s'arrêtait pas au champ de bataille pour les officiers de santé, et leur profession était un dévouement perpétuel. Honneur aux braves des hôpitaux !

De retour en France, en 1802, M. Larrey fut nommé chirurgien en chef de la garde des consuls et de l'hôpital de cette garde.

En 1804, il reçut un des premiers la croix d'officier de la Légion-d'Honneur, à l'hôtel des Invalides, de la main du premier consul, qui lui dit : *C'est une récompense bien méritée.*

En 1805, Larrey fut nommé inspecteur général du service de santé des armées. Il remplit ces fonctions, avec celles de chirurgien en chef de la garde impériale, pendant les campagnes d'Allemagne, de Prusse, de Pologne et d'Espagne. A la bataille d'Eslingen, isolé de l'armée avec tous les blessés dans l'île de Lobau, il se souvint d'Alexandrie, et fit faire, pour la cuisine des soldats, du bouillon avec de la chair de cheval assaisonnée de poudre à canon à défaut de sel. Le maréchal Masséna vint manger de cette soupe d'hôpital avec le chirurgien en chef. Il était impossible de faire un repas plus militaire. A la bataille d'Austerlitz, M. Larrey pansa les blessés au milieu même des combattants. Jamais son activité et son courage ne se montrèrent avec plus d'énergie et d'abnégation de lui-même qu'à la fameuse journée d'Eylau, où l'intensité du froid rendait son service si pénible et la condition des blessés si déplorable. Une attaque inattendue rendit bien périlleuse la mission du chirurgien en chef et la position des blessés : il pourvut à leur salut, et fut récompensé par la croix de commandant de la Légion-d'Honneur. A Tilsit, M. Larrey eut l'honneur de moutrer à l'empereur Alexandre ses ambulances volantes, et reçut des marques de la satisfaction de ce souverain. En Espagne, après avoir assuré les secours de ses blessés, sous le feu de l'ennemi, aux batailles de la Somma-Sierra, Benevent, etc., il partagea ses soins entre eux et les prisonniers anglais, au milieu desquels il contracta le tiphus nosoromial. Ses services à la bataille de Wagram lui valurent le titre de baron et une dotation de 5,000 fr.

De retour à Paris en 1811, il publia trois volumes de ses campagnes, où il a consigné un juste éloge de son maître, le docteur Sabatier. Cette même année, à la séance publique de la rentrée de l'Ecole de médecine, M. le baron Perci rendit en sa présence un hommage éclatant à sa noble conduite aux armées, ainsi qu'à la reconnaissance particulière qu'il professait pour M. Sabatier. « Vous aussi, lui dit M. Perci chargé du discours de rentrée, vous que je n'ai pas besoin de nommer, l'honneur et l'exemple des chirurgiens militaires, qui, dans toutes les régions où Napoléon porta ses armes triomphantes, joignîtes à l'utilité du talent le zèle de la philanthropie, vous acquîtes, encore adolescent, dans cette lice désormais fermée à l'émulation, le titre éternellement glorieux de disciple de Sabatier, et l'inappréciable avantage d'être compté parmi ses plus chers enfants. »

En 1814, M. Larrey fut nommé par décret premier chirurgien de la grande armée, qu'il ne quitta qu'à Fontainebleau, en 1814, lors de l'abdication de Napoléon. La relation qu'il a faite des campagnes de cette armée fait connaître sa conduite envers nos blessés, nos malades, et envers ceux de toutes les nations qui, à cette époque tristement mémorable, ont combattu successivement pour et contre la France. La bataille à jamais célèbre de la Moscova vit se multiplier ses efforts en proportion des pertes excessives qu'il avait faites chaque jour de ses collaborateurs. Le succès de ses opérations pendant cette campagne fut d'autant plus merveilleux q'uelles étaient, pratiquées en plein air sous le froid le plus rigoureux. Le général Zayouscheck, vice-roi de Pologne, vieillard de quatre-vingt-cinq ans, opéré au passage de la Bérésina, en est un exemple bien frappant.

M. Larrey n'était pas seulement à l'armée le dieu de la santé pour le soldat, il était aussi son protecteur. Il y en eut un mémorable exemple après les batailles de Lutzen, de Bautzen et de Wurschen, où la calomnie la plus atroce trouva le moyen de se faire jour auprès de l'empereur, et d'accuser d'une mutilation volontaire les jeunes conscrits blessés, qui venaient à ces mémorables journées, suivant l'expression du Bulletin, de *relever la noblesse du sang français*. M. Larrey assembla un jury de chirurgiens supérieurs, et il fut prouvé que ces jeunes gens avaient été blessés au champ d'honneur. Après avoir lu le rapport du jury, Napoléon dit à Larrey : « Il serait à désirer que je ne fusse entouré que par des hommes tels que vous. » M. Larrey reçut à cette occasion un présent précieux et une pension viagère de 3,000 francs, dont le priva la loi sur les finances en 1817, et qu'une loi spéciale de la Chambre de 1818 lui rendit. Dans toutes les grandes villes où la gloire de l'empereur conduisit les armées de la France, M. Larrey laissa de nombreux témoignages des séjours qu'il y fit, en y propageant dans des leçons publiques les préceptes de la chirurgie française. Aussi les souverains de la Russie et de la Saxe l'ont-ils honoré des marques les plus flatteuses de leur gratitude et de leur estime. C'est Waterloo qui fut témoin des derniers services que M. Larrey a rendus à l'armée de Napoléon. Prévoyant que cette bataille serait la dernière, il se dévoua, fut blessé et pris.

Napoléon s'est souvenu dans son testament de celui qu'il appelait le *vertueux Larrey*.

Les ouvrages que M. Larrey a publiés sur ses campagnes peuvent seuls faire bien connaître la carrière qu'il a si honorablement parcourue. C'est aussi un monument de la gloire française.

LAPLACE (le marquis Pierre-Simon).

Ce savant, qui, par l'immensité de ses travaux, contribua si puissamment à reculer les bornes d'une science sur laquelle tant d'hommes de génie s'étaient déjà exercés; cet homme, qui devint l'un des plus célèbres géomètres de notre époque, était le fils d'un simple cultivateur de Beaumont-en-Auge, département du Calvados, où il naquit le 28 mars 1749. Les obstacles d'une éducation disproportionnée avec les vastes connaissances que son génie embrassa depuis furent surmontés par le goût ardent qu'il fit paraître dès sa jeunesse pour les sciences, et par sa constante persévérance dans une carrière aride pour beaucoup d'esprits, mais qui eut toujours pour lui un charme irrésistible.

Après avoir professé pendant quelque temps les mathématiques à l'école militaire établie dans son pays natal, il se rendit à Paris, où les progrès qu'il avait déjà faits et ses heureuses dispositions lui procurèrent de puissants protecteurs. Ayant dédié le premier de ses ouvrages au président Saron, celui-ci le fit imprimer à ses frais, et cette publication commença avantageusement la réputation de Laplace, que ses connaissances dans la géométrie transcendante et l'analyse ne tardèrent pas d'achever. Il obtint la place d'examinateur du corps royal de l'artillerie, occupée avant lui par Bezout, devint membre de l'Académie des sciences, et, par suite, du Bureau des longitudes.

Il fit hommage, en 1796, de son *Exposition du système du monde*, au conseil des Cinq-Cents, et vint, à la tête d'une députation, le 26 septembre de la même année, présenter à ce conseil un exposé des travaux de l'Institut depuis sa création. Dans le discours qu'il prononça à cette occasion, en rappelant le nom des hommes dont le savoir avait honoré la France, il s'empressa de payer un juste tribut d'hommage à la mémoire du président Saron, son bienfaiteur.

Laplace a partagé les principes de la révolution, mais les royalistes eux-mêmes ont rendu justice à son caractère honorable. Nommé ministre de l'intérieur au 18 brumaire, il occupa cette place jusqu'à ce que Lucien Bonaparte y fût appelé. Napoléon a caractérisé ainsi les talents de Laplace comme administrateur : « Géomètre du premier rang, il ne tarda pas à se montrer administrateur plus que médiocre. Dès son premier travail, les consuls s'aperçurent qu'ils s'étaient trompés. Laplace ne saisissait aucune question sous son vrai point de vue ; il cherchait des subtilités partout, n'avait que des idées problématiques, et portait enfin l'esprit des *infiniment petits* dans l'administration. » Aussi il occupa plutôt cette place qu'il ne la remplit. Au bout de six semaines il fut remplacé ;

mais Napoléon, se plaisant à honorer les sciences dans sa personne, l'appela au sénat conservateur en décembre 1799. Vice-président de ce corps en juillet 1803, il en fut nommé chancelier le mois suivant, puis grand cordon de la Légion-d'Honneur. Ce fut lui qui, en septembre 1805, fut chargé de faire au sénat un rapport sur la nécessité d'abandonner le calendrier de la République pour reprendre le grégorien. Il devint président de la Société maternelle en 1811; et reçut, en avril 1813, le grand cordon de l'ordre de la Réunion ; antérieurement il avait été créé comte de l'Empire.

En 1814, Laplace crut faire acte d'indépendance en votant la déchéance de Napoléon et l'établissement d'un gouvernement provisoire. C'est ainsi qu'il se rattacha à la Restauration. Louis XVIII lui témoigna sa reconnaissance en le nommant pair de France et en lui donnant le titre de marquis. En 1816 ce géomètre fut nommé membre de l'Académie française.

Il est un des fondateurs de la *Société d'Arcueil*, composée de plusieurs savants, qui consacrent au progrès des sciences physiques leurs travaux et même une partie de leur fortune.

A l'âge de soixante-dix-huit ans Laplace mourut à Paris, le 6 mars 1827.

TABLE DES MATIÈRES.

TOME DEUXIÈME.

www.ingramcontent.com/pod-product-compliance
Lightning Source LLC
LaVergne TN
LVHW020028170826
845678LV00001B/163

* 9 7 8 2 3 2 9 7 5 1 2 9 0 *